Solo para chicos

«Apaga tu iPod y tu teléfono celular, toma este libro y explora los pensamientos secretos de cientos de chicas que se resumen en ocho capítulos sencillos y refrescantes. Créeme, no te desilusionarás».

> COLIN CREEL, autor de *Crossroads: Navigating your Calling and Career* y *Perspectives: A Spiritual Life Guide for Twentysomethings*

«*Solo para chicos* es para cualquier joven que, cuando se relaciona con las chicas, haya pensado: *¿Seré yo el problema?* Jeff y Eric se abren paso a través de la hermosa e intrincada mente femenina y establecen un camino claro y directo».

> DR. JOE WHITE, presidente de *Kanakuk Kamps*

«Cuando compras algo electrónico, siempre incluye la guía del usuario. A veces, la lees; a veces, no. Este libro es una guía del usuario joven para aprender a relacionarse con las chicas. Jeff y Eric han analizado casi todo lo que necesitas saber. Además, lo han hecho de una manera muy fácil de seguir. Creo que deberías leerlo».

> DR. ROBERT WOLGEMUTH, autor de los éxitos de librería *The Most Important Year in a Man's Life* y *Dad's Bible*

«¡SPC es excelente! Es una lectura increíble para *cada* joven... incluso para los que están seguros de que ya lo saben todo de las mujeres. Quizá debería ser una lectura obligatoria. Buen trabajo, Jeff y Eric».

> KENDRA SMILLEY, conferenciante y autora de *Por el bien de tus hijos... ama a tu cónyuge*

«Divertido, útil y sencillo... justo como les gusta a los chicos».
CHAD EASTHAM, autor de *The Truth About Guys*

«¡Al fin un libro para los chicos sobre todas las cosas de las chicas! Jeff y Eric revelaron la verdad sobre lo que esas "extraterrestres" quieren y necesitan en verdad de nosotros los chicos. Lo hacen dándoles a los chicos un vistazo único a la mente y al corazón de las chicas. Prepárense, muchachos. En las páginas siguientes aprenderán más de lo que se puedan imaginar acerca de lo que piensan en realidad las chicas... y por qué».
JEFFREY DEAN, fundador del Ministerio Jeffrey
Dean y autor de *Watch This* y *This is Me*

«El comiquísimo sentido del humor de Jeff y Eric hace que la lectura de este libro sea rápida y entretenida. Aun cuando *SPC* está basado en una encuesta enorme, no se trata solo de datos y por cientos. Los autores llegan a la esencia de lo que nos hace mujeres y lo que nos mueve».
LIZ, chica del instituto

«Me alegra mucho que les digan estas cosas a los chicos. ¡Eso significa que quizá yo no tenga que hacerlo! ¿Podrían darle un ejemplar a cada uno de los chicos de mi escuela?».
CAMI, chica del instituto

jeff feldhahn y eric rice
con shaunti feldhahn
de los autores del éxito de librería *Solo para hombres*

solo para chicos

la guía del
joven hacia
el género
desconocido

EDITORIAL
UNILIT

PARA QUE EL MUNDO
Sepa

Publicado por
Editorial Unilit
Miami, Fl. 33172
Derechos reservados

© 2010 Editorial Unilit (Spanish translation)
Primera edición 2010

© 2008 por Veritas Enterprises, Inc. y 44 Films Inc.
Originalmente publicado en inglés con el título:
For Young Men Only por Jeff Feldhahn y Eric Rice.
Ilustraciones © 2008 por Don Patton
Publicado en asociación con la agencia literaria Calvin W. Edwards,
1220 Austin Glen Drive, Atlanta, GA 30338.
Publicado por *Multnomah Books*, un sello de *The Crown Publishing Group*, una división de Random
House, Inc., 12265 Oracle Boulevard, Suite 200 Colorado Springs, Colorado 80921 USA
Publicado en español con permiso de Multnomah Books, un sello de *The Crown Publishing Group*, una
división de Random House, Inc.
(This translation published by arrangement with Multnomah Books, an imprint of *The Crown
Publishing Group*, a division of Random House, Inc.)

Todos los derechos de publicación con excepción del idioma inglés son contratados exclusivamente por
GLINT, P. O. Box 4060, Ontario, California 91761-1003, USA.
(All non-English rights are contracted through: Gospel Literature International,
PO Box 4060, Ontario, CA 91761-1003, USA.)

Traducción: Gabriela De Francesco de Colacilli
Diseño de la portada (all or in part): Lisi Mejias, © 2009: Didou/Marcus55/jgl247/Andrea Kaulitziki
Dibujos del interior (all or in part): Lisi Mejias, © 2009: Cory Thoman/Thaiimg/Oguz Aral/Danilo/
Tarasenko Sergey/Maria Bell/Vectorstock/Grafica/Shumadinac/Derya Celik/SkillUp/ Kristy Pargeter/
Giraffarte/Slash331/R. Formidable/softRobot/Lorelyn Medina/Bob Ash/Igor Zakowski/Losevsky
Pavel/Mushakesa/sabri deniz kizil. *Usado con la autorización de Shutterstock.com*

Las citas bíblicas se tomaron de la *Santa Biblia Nueva Versión Internacional.* © 1999 por la
Sociedad Bíblica Internacional. Usadas con permiso.

Producto 495717
ISBN 0-7899-1754-8
ISBN 978-0-7899-1754-6
Impreso en Colombia
Printed in Colombia

Categoría: Jóvenes/Jóvenes/Citas amorosas y relación sexual
Category: Youth/Youth Interests/Dating/Sex

De Jeff:
Para Bill y Roberta Feldhahn, quienes sobrevivieron
a la crianza de cuatro varones con el humor,
la cordura y el matrimonio intactos.

● ● ●

De Eric:
Para Paul y Melba Rice, con cincuenta y tres años de casados.
Se rieron y amaron al máximo.

Un prefacio para los adultos que espían

Para los adultos que espían con disimulo y preocupación (mamá, papá, el líder de jóvenes... ya saben quiénes son): ¡nos alegra que espíen! Como padres, los ratificamos como los guardianes más importantes de sus adolescentes; esto incluye la fuente de su información y consejo. Y en lo que se refiere al sexo opuesto, ¡«ratificamos aun más» su preocupación!

Escribimos *Solo para chicos* para un adolescente que ustedes quieren... un hombre en ciernes que pasa horas preguntándose cómo son las chicas, qué piensan y qué desean. Muchas veces, no lo sabe, o sus respuestas vienen de los lugares equivocados. Nuestro objetivo fue escribir un libro revelador que se apoyara en investigación sólida a fin de ayudar a los chicos a comprender y a honrar la forma única en que están hechas las muchachas. Muchos lectores adultos de *Solo para hombres* y *Solo para mujeres* (libros anteriores de la serie) nos han dicho: «Quisiera haber aprendido estas verdades antes de casarme». Por eso creemos que este libro puede ayudar a tu adolescente a disfrutar de un modo espectacular relaciones más saludables y felices en el futuro.

Al examinar las páginas siguientes, ten algunas cosas en mente:

▸ Hemos corrido algunos riesgos para presentar nuestros hallazgos de una manera que llegue a los muchachos, estén donde estén. Algunos de nuestros lectores serán cristianos y otros no. Sin embargo, analizamos cada cuestión desde su perspectiva y abordamos las necesidades antes que todo. Luego, nos aseguramos que vean y comprendan lo que se han perdido o lo que no conocieron jamás.

▸ Este es un libro acerca de cómo piensan las chicas. No es un libro de consejos para el noviazgo (aunque damos algunos datos en el camino). Lo que tu adolescente lea aquí es para ayudarlo, ya sea que esté o no en una relación. Suponemos que nuestro lector tiene al menos interés en conocer o comprender a las chicas, aunque sea como amigas. Ese interés natural es nuestro punto de partida para mostrarle cómo puede apoyar, honrar y proteger a las chicas, ahora y durante el resto de su vida.

▸ Mucho de lo que hay aquí sorprenderá a tu adolescente, quizá hasta a ti también, así que te alentamos a usar este libro para iniciar conversaciones. Dios te ha otorgado influencia sobre la vida de tu adolescente por una muy buena razón.

En un mundo que parece conspirar en contra de las familias que se preocupan por honrar a los demás en las relaciones, ¡nuestra oración es que encuentres en *Solo para chicos* el recurso que has estado buscando!

Con afecto,

Jeff y Shaunti Feldhahn y Eric y Lisa Rice

Contenido

1. Lo que la mayoría de los chicos
   nunca sabe 1
   Para encontrar la verdad, te llevamos a la fuente
   suprema... a más de mil

2. El Chico Popular frente a nuestro
   héroe: El Chico del Montón 13
   Por qué los chicos comunes y corrientes tienen
   una verdadera oportunidad con las chicas geniales

3. Por qué a las chicas buenas les
   gustan los chicos malos 39
   Comprende el mayor temor secreto de una
   chica y lo que puedes hacer al respecto

4. Cuando las chicas dejan de
   tener sentido 59
   La guía para descodificar la frustrante conducta
   femenina

5. Se rompe la relación, se rompe
   el corazón 79
   Por qué las chicas van con tanta rapidez de
   «te amo» a «¡esfúmate!»... y cómo evitar que
   te destrocen

6. Basta de llamadas perdidas..........................101
   Cómo hablar con una chica y escucharla sin
   parecer un tonto

7. El verdadero significado de «anotación»...117
   La verdad acerca de las chicas, los chicos y la
   relación sexual

8. El chico que quieren todas las chicas...
   de verdad...145
   ¿Podría ser que quien eres en verdad es de
   verdad el premio?

Reconocimientos..153

Guía de conversación..................................157

1

LO QUE LA MAYORÍA DE LOS CHICOS NUNCA SABE

Para encontrar la verdad, te llevamos a la fuente suprema... a más de mil

No necesitas este libro por muchísimas razones. No lo necesitas para saber cómo enviarle un mensaje de texto a una chica en medio de una montaña rusa. Tampoco para armar una computadora en el piso de tu habitación. Ni para eructar el alfabeto con afinación, ni matar a una ciudad llena de zombis solo con tus pulgares, ni hacer tu famoso tiro en suspensión sin mirar al fregadero.

Ya puedes hacer todas esas cosas.

Además, por todas esas razones de por sí eres... una leyenda.

Por otro lado, como la mayoría de los jóvenes, vives entre seres extraños que no conocen ni aprecian tus logros. Por supuesto, se trata de las chicas. Algunas, en especial las bonitas, tienen el poder de hacerte tartamudear, temblar y caerte sentado justo cuando quieres parecer interesante.

Sabes que es cierto. Las chicas nos vuelven locos. Pueden transformar un famoso tiro en suspensión en nada más que aire. Pueden confundirnos tanto como para hacernos gritar.

Así que debemos preguntar: ¿Acaso una leyenda masculina como tú sobrevivirá a las muchachas con su reputación de chico genial intacta?

Muchos chicos no lo logran. Lo sabemos. Bueno, al menos yo (Eric) lo sé. Cuando era adolescente, conduje desde Tejas a Tennessee en un día caluroso solo para escuchar a una chica decirme: «Adiós, Eric». Mucho calor, muy mal día.

¿Y todo eso para tartamudear, temblar y caerse? Ese era yo. La mayor parte de lo que aprendí acerca de las chicas fue de las leyendas urbanas, en los vestuarios o por suposiciones. Y casi todo era erróneo por completo. Por eso decidimos escribir *SPC*, que quiere decir *Solo para chicos: La guía del joven hacia el género desconocido.*

Ahora que no solo pasamos la etapa de increíbles, sino también la de tartamudos, queremos ayudar a los jóvenes a entender a una chica, dirigirse a ella, escucharla, llegar a conocerla, aprender de ella, preocuparse por ella, disfrutarla... quizá hasta *impresionarla.* Es cierto, tal vez no sea un objetivo tan noble como detener el terrorismo ni restablecer los glaciares. Sin embargo, es algo que les interesa a los chicos inteligentes... y a las chicas inteligentes también. La comprensión de cómo piensan las chicas puede influir de manera profunda en tu felicidad actual y futura. Más aun, un curso acelerado de «Introducción a las chicas» puede darte mucha ventaja sobre el resto de los varones, quienes pasarán el resto de sus vidas confundidos por completo.

En el libro que tienes en las manos, la revelación comienza contigo. Eres el que aporta tu genio legendario. Nosotros aportamos nuestra asombrosa información. Pronto atravesarás la mente de una chica.

Un curso acelerado de «Introducción a las chicas» puede darte mucha ventaja sobre el resto de los varones.

«¡No puede ser!»

Sí, *SPC* te lleva dentro de la mente de las adolescentes (debes admitir que es aterrador, pero fascinante). Te ayudamos a lograr esta hazaña escuchando a cientos de chicas inteligentes y agradables, dispuestas a hablar acerca de sí mismas... y a ser sinceras. (Y si piensas que solo buscamos a chicas aburridas, superficiales o poco atractivas para este proyecto, entra a www. foryoungmenonly.com. Tendrás otra perspectiva).

¿Cómo podemos transmitir ideas que hagan que grites «¡No puede ser!» y cambies tu manera de pensar para siempre?

Déjame explicarte (habla Jeff). Shaunti, mi esposa, es analista política graduada en Harvard, quien sin esperarlo se transformó en investigadora social. Un día, se dio cuenta de que los hombres en verdad piensan distinto que las mujeres. (Bueno, a veces ni pensamos siquiera, pero no hablemos de eso). Shaunti comprendió que aunque amaba a alguien tan genial como yo, no «captaba» en sí muchas cosas de mí. No solo no captaba. Más bien no tenía idea.

Y esa es la parte más extraña: Yo no tenía idea de que ella no tenía idea.

Cuando Shaunti preguntó un poco, descubrió que nuestro problema era común. Es más, habló con hombres y mujeres de todas partes que ya no creían que fuera *posible* comprender a alguien del sexo opuesto, aunque fuera uno que amaras mucho.

Esa revelación la llevó a comenzar un proyecto de investigación donde les preguntó a los hombres qué pensaban en verdad sobre ciertos asuntos. En especial, sobre algunos de los aspectos más ocultos, difíciles e importantes que caracterizan al hombre. Sus respuestas llevaron a Shaunti a escribir *Solo para mujeres: Lo que necesitas saber sobre la vida íntima de los hombres*. Se transformó en un éxito de librería a escala nacional. En todas partes, los hombres suspiraban aliviados porque, de repente, no los trataban como a fenómenos de feria. Y las mujeres se dieron cuenta de que podían conocer y amar a sus hombres por lo que eran en verdad, en lugar de por lo que pensaban que eran. Todavía nos sorprende cómo una nueva revelación sobre el sexo opuesto puede prender la bombilla sobre nuestra cabeza... y cambiar una relación por completo.

Les siguieron otros éxitos de librería en la serie, incluyendo *Solo para hombres* y *Solo para chicas*. Cada uno usa una encuesta científica y representativa en el ámbito nacional, diseñada con sumo cuidado para ayudar a un género a comprender lo que sucede dentro de la mente del otro.

Lo cual nos trae a *SPC*.

A decir verdad, demoramos esta entrega de la serie lo más posible. ¿Crees que el adolescente promedio leería un libro sobre cómo piensan las chicas? Quizá miraría un vídeo en YouTube... o esperaría la versión en revista de historietas. Sin embargo, ¿leer un libro de una cuidadosa investigación acerca de cómo comprender a las chicas y relacionarse con ellas? No estábamos seguros.

Al principio, los que querían que escribiéramos este libro solo eran padres preocupados y alrededor de un millón de muchachas adolescentes. Los padres decían cosas como: «Nuestro querido hijo parece un poco... eh... deficiente cuando está cerca del, ya sabe, s-s-sexo opuesto». Las chicas dijeron cosas como: «Los chicos son unos estúpidos».

Luego, los chicos mismos comenzaron a pedirlo. Una vez que el centésimo estudiante del instituto nos dijera que desearía que existiera un «manual de chicas» para los muchachos comunes, decidimos hacerlo.

Los padres decían cosas como: «Nuestro querido hijo parece un poco... eh... deficiente cuando está cerca del, ya sabe, s-s-sexo opuesto». Las chicas dijeron cosas como: «Los chicos son unos estúpidos».

Nuestra promesa de no repetir

Shaunti y yo (Jeff) acudimos a mi mejor amigo, Eric Rice (el esposo de Lisa, la coautora de Shaunti en *Solo para chicas*), a fin de que me ayudara a escribir este libro. Siendo un talentoso guionista y director, Eric es el perfecto coautor para este relato. También, es el padre de tres de las adolescentes más inteligentes y atractivas que conocemos. Además, está loco. (Quizá, sea por las hijas adolescentes).

Para asegurarnos que hacíamos las preguntas adecuadas, Eric y yo comenzamos con algunas de las cosas que nunca comprendimos sobre las chicas cuando estábamos en el instituto. Luego, organizamos grupos de enfoque con decenas de chicas adolescentes de la zona de Atlanta. Lisa y Shaunti nos ayudaron a organizar los grupos (para que las chicas sintieran que podían hablar con seguridad y franqueza), y comenzamos a identificar problemas importantes para abordar.

En nuestro equipo, surgieron cuestiones interesantes en forma natural. Lisa es periodista, Shaunti es analista relacional, yo soy abogado y Eric está loco.

A cada asunto en potencia, le aplicamos una prueba importante: ¿sería una gran sorpresa para los adolescentes de hoy? De lo contrario, no nos interesaba. No queríamos repetir lo evidente. No queríamos predicar. Solo queríamos buscar esas verdades asombrosas que la mayoría de los chicos no creería, pero que eran ciertas... Y lo eran para la mayoría de las chicas, sin importar cuál fuera su trasfondo étnico o religioso, dónde vivieran, ni la clase de auto que manejara su familia.

A continuación, Shaunti y Lisa fueron a los centros comerciales de Atlanta a entrevistar a cientos de adolescentes. Y como a menudo viajan por el país para dar conferencias, también entrevistaron a distintas chicas con las que se encontraron («Entonces, Courtney, ¿qué pensarías si un chico dijera *esto*...?»).

Por último, tomamos lo que escuchábamos de manera informal y lo pusimos a prueba con una encuesta costosa, científica y representativa a escala nacional de más de cuatrocientas chicas, llevada a cabo por una empresa de mucho prestigio, *Decision Analyst*. Si íbamos a afirmar que las chicas pensaban de determinada manera, era necesario que lo confirmara una encuesta nacional oficial y costosa. (¿Mencionamos que fue costosa?)

Luego de analizar los resultados de la encuesta, redujimos todos los asuntos en los que la mayoría de las chicas estaban de acuerdo y establecimos las siguientes seis verdades reveladoras.

No queríamos repetir lo evidente. No queríamos predicar. Solo queríamos buscar esas verdades asombrosas que la mayoría de los chicos no creería, pero que eran ciertas.

Seis grandes sorpresas

Capítulo	Lo que piensa la mayoría de los chicos	La sorpresa
2 El Chico Popular frente a nuestro héroe: El Chico del Montón *Por qué los chicos comunes y corrientes tienen una verdadera oportunidad con las chicas geniales*	*Las mejores chicas siempre eligen muchachos ricos y atléticos.*	Lo que más le atrae a una chica son las cualidades ocultas de un chico.

		Seis grandes sorpresas		
Capítulo	*Lo que piensa la mayoría de los chicos*	*La sorpresa*
3 Por qué a las chicas buenas les gustan los chicos malos *Comprende el mayor temor secreto de una chica y lo que puedes hacer al respecto*	*Las chicas sienten una extraña atracción por los «chicos malos» que las seducen con agresividad, a continuación, las tratan como basura casi siempre.*	En el fondo, las chicas temen no ser especiales o atractivas, así que les atraen los chicos que las afirmen con su búsqueda.
4 Cuando las chicas dejan de tener sentido *La guía para descodificar la frustrante conducta femenina*	*Cuando las chicas se ponen sensibles e irracionales, los chicos están de malas. Lo único que pueden hacer es salir corriendo.*	Cuando una chica está sensible, es probable que no sea irracional... y un chico puede hacer mucho.
5 Se rompe la relación, se rompe el corazón *Por qué las chicas van con tanta rapidez de «te amo» a «¡esfúmate!»... y cómo evitar que te destrocen*	*Las novias son despiadadas. Cuando quieren romper la relación, envían mensajes confusos y dejan al muchacho sin advertencia.*	Sin duda, algunas novias son despiadadas, pero casi todos los chicos son despistados. Una vez que aprendes a interpretar las señales, puedes proteger tu corazón... y quizá hasta recuperar a tu chica.

Seis grandes sorpresas		
Capítulo	*Lo que piensa la mayoría de los chicos*	*La sorpresa*
6 Basta de llamadas perdidas *Cómo hablar con una chica y escucharla sin parecer un tonto*	*Los chicos nunca saben qué decirle a una chica, así que terminan pareciendo tontos.*	Las chicas quieren que los chicos les hablen. Sin embargo, para causarles una verdadera impresión, los chicos deben escucharlas.
7 El verdadero significado de «anotación» *La verdad acerca de las chicas, los chicos y la relación sexual*	*Las chicas desean la relación sexual tanto como los muchachos: y la manera de anotar con ella es haciendo el amor.*	Una chica también tiene hormonas, pero en lo profundo espera que su chico no la presione para tener relaciones. La manera de anotar de verdad con ella es ser su protector.

Y así surgió este viaje al cerebro de las adolescentes. Al final, más de mil chicas proporcionaron material para este libro. Por lo tanto, no solo te traemos nuestra opinión. (En algunos casos, ¡la investigación contradijo de forma directa nuestra opinión!). En cambio, lo que te brindamos son los pensamientos sinceros de las chicas mismas.

Léelo o explotarás

Antes de comenzar tu búsqueda por el resto del libro, toma nota de estos puntos importantes:

▸ *SPC* se escribió en forma extraña, pero bien. Eric y yo lo escribimos con mucha ayuda de Shaunti y Lisa y algo de ayuda de nuestro imposible de complacer editor, David Kopp. Cuando leas «nosotros» en este libro, casi siempre se refiere a Jeff y a Eric. Sin embargo, a veces apunta a todos los hombres sufridos (lo cual te incluiría). Cuando leas «yo (Eric)» o «yo (Jeff)», no te asustes. No se trata de un autor con un trastorno de personalidades múltiples. Solo significa que uno de nosotros no quiere que el otro se lleve el crédito por una reflexión increíble o por la historia graciosa a punto de contar.

▸ Solo nos concentramos en lo que necesitas saber sobre las chicas y es probable que no sepas. No abordamos lo que las chicas deberían saber sobre ti ni sobre los demás humanoides masculinos. Si quieres saber sobre el asunto, toma con disimulo el ejemplar de tu novia de *Solo para chicas*.

▸ Presentamos los resultados de nuestra encuesta con confianza. No obstante, cuando informamos que «la mayoría de las chicas» piensa de determinada manera, recuerda que *la mayoría* significa «la mayoría», no «todas». Hay excepciones a toda regla, y es probable que conozcas alguna. Para leer toda la encuesta, entra a www.foryoungmenonly.com.

▸ Nuestra encuesta describe lo que *dicen* las chicas que piensan o quieren en cuanto a los chicos, no lo que nosotros creemos que *deberían* pensar o querer.

Hubo momentos en que deseamos que la verdad fuera otra. Sin embargo, de eso se trata este libro: la verdad acerca de cómo piensan las chicas en realidad. Aun cuando sea sorprendente o difícil de escuchar.

▸ Nosotros enfrentamos la vida como cristianos. Este libro describe lo que sucede dentro de las adolescentes más allá de la raza o la religión, y esboza *su* consejo para que los muchachos puedan relacionarse mejor con ellas. Aun así, en las partes del libro donde *nosotros* damos consejos, nuestras convicciones (como «la Biblia tiene razón») van a filtrarse. Esperamos que lo entiendas.

▸ Creemos que aprender cómo piensan las chicas es muy importante tanto para ahora como para el futuro, sin importar si estás saliendo con alguna o si solo quieres ser amigo de las chicas que conoces. Hay muchos libros excelentes que concentran buenas pautas para el noviazgo, pero no es lo que hacemos en este. *SPC* es un libro corto, y en nuestro espacio limitado, nuestro único enfoque es la franca verdad acerca de cómo están hechas las chicas y cómo aplicar eso a tu vida. (En www.foryoungmenonly.com encontrarás sugerencias para otros recursos increíbles. Puedes comenzar con *Él y ella* y otros libros de Joshua Harris).

▸ Para ayudarte a ti y a tus amigos a aprovechar aun más este libro, incluimos al final una guía corta para debate en grupos pequeños.

De eso se trata este libro: la verdad acerca de cómo piensan las chicas en realidad. Aun cuando sea sorprendente o difícil de escuchar.

La seguridad propia:
El nuevo superpoder

Tal vez todavía no te des cuenta, pero como premio por este libro, te entregamos una bandeja de plata de sabiduría que te ayudará a manejar los desafíos del género desconocido con confianza en ti mismo: la confianza que surge al darte cuenta de que entiendes lo que sucede a tu alrededor. Saldrás con todo un arsenal de nuevos discernimientos. Pasarás de ser el chico promedio que dice «No entiendo a las muchachas», a tener superpoderes. En esencia, tendrás una maestría en Chicas.

Te desafiamos a usar estos poderes con sabiduría y no para tus propósitos egoístas. Si nos enteramos de que no has usado bien tu nuevo conocimiento, te perseguiremos y te obligaremos a sentarte hasta el final en nuestro seminario de doce horas, de dos en dos. Y te cobraremos por esto.

¿Estás preparado para la aventura? Relájate y prepárate para muchas sorpresas grandes e increíblemente útiles sobre cómo piensan las chicas. Cuando termines, avísanos qué sucedió.

Si nos enteramos de que no has usado bien tu nuevo conocimiento, te perseguiremos y te obligaremos a sentarte hasta el final en nuestro seminario de doce horas, de dos en dos. Y te cobraremos por esto.

Jeff y Eric (Shaunti y Lisa también)
www.foryoungmenonly.com

EL CHICO POPULAR FRENTE A NUESTRO HÉROE: EL CHICO DEL MONTÓN

Por qué los chicos comunes y corrientes tienen una verdadera oportunidad con chicas geniales

Tenía (Jeff) dieciséis años y trabajaba en un restaurante. Un día, mi jefe me desafió a invitar a salir a la camarera de diecisiete años que era de una belleza increíble. Si aceptaba, podía irme a casa temprano con toda mi paga. Si me mandaba a pasear, trabajaría el resto del día sin pago.

La chica se llamaba Diane, y estaba fuera de mi alcance por completo. Era líder de las animadoras y la favorita para ser elegida reina del baile de un instituto rival. Mientras unos cuantos empleados me observaban, tuve que entrar al cuarto de receso e invitarla a salir.

Con el corazón muy acelerado, me acerqué a la mesa donde estaba sentada. (Para que sepan, nunca había tenido una cita). En un intento de no temblar ni explotar, tragué con dificultad y dije, jadeando:

—Entonces, ah, ¿te gustaría ir a ver una película alguna vez?

No se me ocurría qué hacer a continuación, así que me quedé allí parado. Pasaron horas.

—Parece divertido, Jeff. ¡Está bien! —la escuché decir entonces.

Volví a respirar.

—¡Fantástico! —exclamé—. ¿Qué te parece el sábado por la noche?

Cuando aceptó, cerramos el trato.

Ese sábado tuve mi primera cita... con una hermosa chica. Para rematar una noche insuperable, varios de mis amigos me vieron con Diane. Mi grado de importancia se disparó. Sin embargo, la noche no había terminado.

Cuando dejé a Diane en su casa, le pregunté si había pasado un buen rato.

Dijo: «Sí, lo pasé bien. Gracias».

Así que, volví a juntar valor y le pregunté si le gustaría volver a salir conmigo.

«Sí, creo que sí», contestó.

Nos despedimos, y es probable que le haya dado una palmadita en el hombro o algo parecido, ya que tenía demasiado miedo como para besarla. Y me fui... destrozado.

«¿Destrozado?», preguntarás.

Sí. Después de todo, dijo: «Sí, *creo que sí*». Me olvidé de la parte del «sí» y me obsesioné con el «creo que sí».

Una voz conocida en mi cabeza comenzó a molestarme. *Estabas loco si pensabas que una chica como esa saldría contigo otra vez. Puede salir con cualquiera que se le ocurra. Protégete, Jeff. No te expongas al rechazo.*

Así que no volví a invitarla a salir. Pronto, dejó de trabajar en el restaurante. Nos cruzamos varias veces, y siempre fue amable conmigo. Sin embargo, nunca pude dejar de creer que estaba fuera de mi alcance y que no saldría conmigo otra vez.

No lo supe hasta la primavera siguiente, cuando estuve hablando con la mejor amiga de Diane, que ella se había sentido un poco herida y desconcertada porque nunca más la invité a salir. Y para entonces, ya estaba saliendo con otro chico. (Bien hecho, Jeff).

Con el tiempo, me casé con una chica hermosa e increíble, y también fuera de mi alcance, quien ha sido mi esposa los últimos catorce años. No obstante, todavía tenía muchos conceptos erróneos acerca de qué pasta están hechas las mujeres: ideas erróneas por completo que duraron hasta que se las llevó la investigación para estos libros.

Así que en este capítulo tratamos uno de esos temas que la mayoría de los chicos malentienden, esa competencia brutal que quizá conozcan todos ustedes. La llamamos la batalla entre el Chico Popular y nuestro héroe: el Chico del Montón. Tu mundo (en la escuela, en *MySpace*, en los medios de comunicación) parece estar plagado de chicos súper atléticos, con la mejor vestimenta y llenos de dinero. Por otro lado, es probable que no te percibas como ese chico. Solo eres tú. Es lamentable, pero las chicas que te interesan, en especial las más atractivas y populares, parecen sentir una verdadera adoración por el Chico Popular.

¿Acaso tienes una posibilidad?

¿Deberías aceptar el desafío? ¿O tendrías que atenerte a lo que sabes hacer bien: la obtención de anotaciones cada vez más altas en general? Y, a propósito, ¿qué sucede *en realidad* dentro de la cabeza de una chica cuando el que tiene parado delante no es el Chico Popular... sino tú?

Está bien, quizá te digas, *hagan lo que hagan, Jeff y Eric, no me den falsas esperanzas. No me pongan en la situación de tener que sacar el corazón para que lo pisoteen delante de todo el mundo.*

Oye, *sí* hay esperanza. Sabemos la verdad. Somos los custodios del Fuego Secreto. Sigue leyendo...

¿Qué *sucede* en realidad dentro de la cabeza de una chica cuando el que tiene parado delante no es el Chico Popular... sino tú?

Por qué los chicos comunes y corrientes tienen esperanza

En este capítulo, revelaremos uno de los descubrimientos más asombrosos que hicimos mientras trabajábamos en este libro: Hay una gran posibilidad de que las chicas que te rodean, incluso las que piensas que son más difíciles de obtener, no estén buscando al perfecto Chico Popular. Lo que en realidad prefieren es a un chico que tenga otras cualidades que les resultan más importantes.

Casi podemos escucharte pensando: *Sí, claro.*

Comprendemos. Todos nos hemos quedado mirando de lejos mientras esa animadora perfecta pasa caminando del brazo del chico perfecto. Pensamos: *Si le atrae, es imposible que yo pueda atraerle.* O suponemos que el chico «perfecto» es lo que quieren todas.

Resulta ser que estamos equivocados. Y la verdad es una muy buena noticia. Para ayudarte a comprender esta realidad que la mayoría de los chicos pasan por alto, establecimos lo que llamamos las «cuatro verdades descabelladas». La primera es la más difícil de creer.

El extraño diseño del globo ocular femenino

Es cierto, las chicas aprecian a un muchacho atractivo. Así están hechos los humanos. (Otras formas de vida con globos oculares

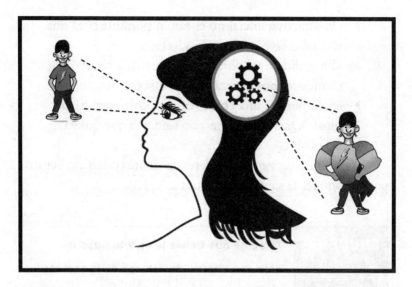

también son así). Sin embargo, nuestra investigación para *SPC* arrojó luz sobre algo que quizá solo hayas comprendido en parte hasta ahora: La mayoría de las chicas no están diseñadas para responder de la misma manera visual que los varones. En cambio, la idea de la apariencia física del muchacho es solo una parte de lo que considera el cerebro femenino con respecto a él. Y resulta que ni siquiera es lo más importante. Lo cual nos conduce a la primera verdad descabellada.

Primera verdad descabellada :

A diferencia de los chicos, las chicas miran más allá de la apariencia de manera instintiva.

En cuanto a los muchachos con los que las chicas quieren tener una relación, casi siempre colocan otras cualidades por encima de la apariencia física... ¡y lo dicen en serio! Escucha cómo lo explican algunas chicas:

▸ «El atractivo inicial no es tan importante para una chica».

▸ «En realidad, un chico se vuelve más atractivo cuando vemos lo maravilloso que es».

▸ «Solo porque una chica vea a un chico atractivo y diga: "Qué bueno está", no significa que quiera salir con él».

Esas respuestas y otras similares de cientos de chicas llegaron para responder la siguiente pregunta:

ENCUESTA **Imagina que tienes la oportunidad de salir con uno de dos chicos de la escuela que no conoces muy bien: El chico A o el chico B. El chico A es muy atractivo y podría ser modelo para una revista, y es capitán del equipo de fútbol, pero escuchaste por ahí que «se cree la gran cosa». El chico B es de apariencia promedio, pero escuchaste por ahí que es un chico agradable con un gran sentido del humor. Los dos parecen tener muchos amigos y están interesados en salir contigo, pero debes elegir solo uno. ¿A cuál elegirías? (Elige uno).**

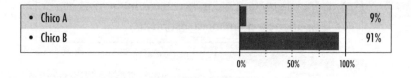

• Chico A	9%
• Chico B	91%

0%   50%   100%

¡Nueve de cada diez chicas dijeron que elegirían al chico B! ¿Qué? Todavía no lo creen, aumentamos la apuesta y reformulamos la pregunta.

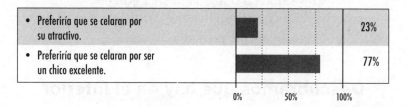

ENCUESTA **Si quisieras en secreto que tus amigas estuvieran celosas por un chico con el que estás, ¿preferirías que se celaran de que es atractivo o de que solo es un chico excelente? (Elige una opción).**

- Preferiría que se celaran por su atractivo. — **23%**
- Preferiría que se celaran por ser un chico excelente. — **77%**

0%   50%   100%

Esta pregunta llevó más allá la verdad sobre cómo están diseñadas las chicas. Pudimos resumir lo que descubrimos de la siguiente manera: Aunque es probable que los chicos prefiramos que nuestros amigos envidien la chica hermosa que tenemos del brazo, la mayoría de las chicas piensan de otra manera. A tres de cada cuatro chicas les importa tanto las demás cualidades de los chicos que *esas* serían las cosas por las que quisieran que sus amigas estén celosas.

Si te sientes un poco mareado, no estás solo. Mientras hacíamos la investigación, a cada momento teníamos que luchar con nuestra propia incredulidad sobre lo que escuchábamos. Tuvimos conversaciones largas y profundas como estas.

Jeff: «Eric, ¿puedes creer esto?».

Eric: «De ninguna manera, hermano. No puede ser, ¡o soy un tonto ahora o lo he sido durante mucho tiempo!».

Jeff: «Huy...».

Eric: «Vayamos a comer una hamburguesa».

La verdad acerca de cómo las chicas ven a los muchachos contradice muchas suposiciones masculinas. Por eso, muchos de nosotros necesitamos cambiar la manera de pensar con respecto a las chicas. De lo contrario, estaremos perdidos en lo que se refiere a las muchachas. Y perdido no le queda bien a los hombres.

«Solo porque una chica vea a un chico atractivo y diga: "Qué bueno está", no significa que quiera salir con él».

Descubramos qué hay en el interior

¿Todavía te cuesta usar tu videocámara cerebral masculina para comprender cómo ven las chicas? Hay más. Mira estos comentarios:

▸ «La apariencia ni siquiera está en la pantalla de radar para mí. Lo importante es quién es por dentro».
▸ «La apariencia va y viene, pero no se puede tener una relación basada en eso. A la larga, tendrás que vivir con alguien. Así que es mejor que encuentres a una persona que te guste por dentro».
▸ «Los chicos auténticos son atractivos por lo que son por dentro. Además, un chico sensual sin demasiada personalidad se torna aburrido enseguida».

La primera verdad nos lleva a hacer una pregunta importante: «¿Cuáles son esas otras cualidades que a las chicas les gustan tanto?». Es hora de abordar la segunda verdad descabellada.

Segunda verdad descabellada

Las cualidades interiores pueden hacer que el Chico del Montón sea más atractivo que el Chico Popular.

Cuando una chica dice «otras» cualidades, no habla de dinero, popularidad, su auto último modelo, ni su gusto de la moda. Se refiere a algo más profundo y personal. Quisimos saber, así que preguntamos.

ENCUESTA	¿Qué características te resultan más atractivas en un chico? Por favor, clasifica estas en orden de preferencia del 1 al 12, siendo el 1 el mejor:

_____ seguro de sí mismo (sin ser arrogante) / dispuesto a ser único / moderno

_____ sentido del humor / me hace reír

_____ aventurero / espontáneo / imprevisible / divertido / actitud despreocupada / arriesgado

_____ caballero / atento / considerado, pero no dependiente

_____ buen conversador contigo y con los demás / hábil en el ámbito social / no tímido en extremo

_____ presumido / rebelde

_____ tiene una fe genuina que influye en su vida

_____ tiene objetivos / motivado

_____ cuerpo tonificado

_____ rostro atractivo

_____ rico

_____ atlético

Antes de darte los resultados, ¿cuál crees que serían las tres respuestas principales de las chicas? La mayoría de los chicos suponen: «rico», «cuerpo tonificado» y «atlético», con un toque de «presumido». Después de todo, son las cualidades que más nos encantaría en nosotros, ¿no es así?

Bueno, las chicas de nuestra encuesta eligieron tres respuestas distintas por completo. Las tres características que más les importaron fueron (1) «sentido del humor», (2) «consideración» y (3) «confianza en sí mismo».

Luego, seguían: «buen conversador», «aventurero», «tiene objetivos», «rostro atractivo» y «fe genuina». Y, por último, al final de las listas de cientos de chicas, se encontraban (9) «cuerpo tonificado», (10) «atlético», (11) «rico» y (12) «presumido».

Al principio, creímos que un virus había corrompido la información. Es decir, ¿alguna vez ven televisión o van al cine? ¡La chica siempre se queda con el muchacho escultural y rico!

Bueno, amigo, los hechos no mienten. Y de manera enfática fallan a favor de los chicos comunes. Así que si te pasas todo el tiempo en el gimnasio, o planeando cómo hacerte rico con rapidez, considera que las chicas no se fijan en estas cosas tanto como pensábamos.

La verdadera buena noticia es que lo que más les importa son cualidades con las que no es necesario nacer (a diferencia del atractivo físico o la habilidad atlética). El sentido del humor, el amor por la aventura, la consideración y la confianza en uno mismo son cualidades que cualquier chico motivado puede aprender con un poco de esfuerzo. (Hablaremos acerca de esto más adelante).

Observa este comentario de una chica que describió cómo las cualidades interiores hacen atractivo a un chico: «Hace un año que mi novio y yo salimos, pero al principio no me parecía muy atractivo. Después, lo conocí mejor. Me di cuenta de que era gracioso, considerado y amable. Ahora, es uno de los chicos más atractivos del mundo».

«Al principio no me parecía muy atractivo. Después, lo conocí mejor. Ahora, es uno de los chicos más atractivos del mundo».

Lo que más anhelan las chicas en realidad

En primer lugar, examinemos mejor tres cualidades principales.

1. El sentido del humor

Casi todas las chicas que entrevistamos mencionaron lo importante que era que los muchachos tuvieran sentido del humor. Quizá pienses: *Bueno, yo no soy el payaso de la clase.* Sin embargo, no es a lo que se refieren las chicas. En cambio, les gustan los chicos que disfrutan de la vida y a veces las hacen reír. Esto fue lo que escuchamos:

▸ «La vida puede ser difícil, y las chicas necesitan a un chico que las ayude a verla con un poco más de humor. Está bien ser seria, pero a veces tendemos a ser demasiado serias, ¡y es agradable que alguien nos ayude a relajarnos!».

▸ «Cuando veo a un chico con sentido del humor, sé que es alegre y que no toma todo demasiado en serio. Sé que puede encontrar humor en las situaciones cotidianas. Eso es muy atractivo».

2. La consideración

No es de extrañar que las chicas quieran sentirse especiales. Sin embargo, la mayoría de los chicos supone que se sienten de esa manera si están con alguien atractivo, popular o rico. Resulta ser que las chicas buscan otra cosa: un caballero. (Te tomó desprevenido, ¿no es así? A nosotros también).

Las chicas que entrevistamos dijeron que se sentían más especiales cuando el chico con el que están es considerado y educado. No demasiado suave, por supuesto... ni que haga teatro para que la chica deje que la bese. Nos referimos a que sea considerado y respetuoso de las pequeñas cosas. Mira cómo lo expresa una chica:

> Para mí, la consideración es poner los intereses de la otra persona por encima de los propios. Es sintonizarme con lo que piensa, con lo que necesita y lo que está pasando. Es como si un chico se diera cuenta de que ella siempre está frustrada cuando menciona el trabajo que tiene después de la escuela, y se toma unos minutos extras para preguntarle por qué. Cuando un chico hace algo así, te sientes muy importante.

Ser considerado no debería ser difícil, ya que es como la mayoría de nosotros queremos que nos traten. Sin embargo, los chicos lo pasan por alto a cada momento. Quizá sea porque estamos tan centrados en nosotros mismos que no vemos las pequeñas cosas.

3. La confianza en sí mismo

A la abrumadora mayoría de las muchachas les gustan los chicos que tienen confianza en sí mismos. Como dice una chica: «Un chico con apariencia promedio que tiene seguridad en sí mismo es mucho más atractivo para mí que uno que parece modelo y es inseguro».

En realidad, no confundas la confianza en ti mismo con la presunción o el engreimiento. La mayoría de las chicas los distinguen bien y ven con claridad la actitud que esconde a una persona falsa. «La confianza en un muchacho siempre es atractiva», nos dijo una muchacha. «No me refiero a que se esfuerce tanto que parezca arrogante o presumido. Eso es muy desagradable».

> «Un chico con apariencia promedio que tiene seguridad en sí mismo es mucho más atractivo para mí que uno que parece modelo y es inseguro».

Dos cosas más que te colocan en la pantalla de su radar

Queremos mencionar dos cualidades interiores más que surgieron muy a menudo en nuestras encuestas: cualidades que muchas chicas colocaron dentro o cerca de las tres principales. (Al parecer, las chicas detectan las cualidades interiores como nosotros detectamos un Ferrari en un estacionamiento).

1. Es divertido estar con él + le encanta la aventura

Una y otra vez, las chicas nos dijeron cosas como: «Queremos estar con alguien divertido», y: «No me gusta hablar con un mono. Quiero conversar con alguien divertido». En la encuesta, agrupamos estas respuestas bajo un título extenso: «aventurero / espontáneo / imprevisible / divertido / actitud despreocupada / arriesgado».

Tiene sentido. Cualquier chico quiere ser estas cosas. Y a veces, todos luchamos con la frustración, la ansiedad o la incertidumbre.

La diversión hace que nos olvidemos de todo por un momento y nos devuelve al lado prometedor de las cosas.

Sin embargo, nos tropezamos con algo muy importante: Las chicas admitieron que se aburren mucho y que sueñan con dejarse llevar por la aventura. Lo bueno es que, si lo planea con anticipación, cualquier chico puede cumplir ese papel. No es necesario planear algo oficial. Solo permítete disfrutar la vida de día en día e incluirla a ella («Oye, ¡vayamos a explorar a alguna parte!»).

La diversión tampoco tiene por qué ser la gran cosa. A menudo, las acciones más sencillas son las que causan las impresiones más poderosas. Como sugirió una muchacha: «Regálale una flor solo porque es miércoles».

Mira cómo lo expresa otra chica: «Aunque un chico haga un chiste de vez en cuando, puede transformar un aburrido laboratorio de química en una clase a la que quiera asistir una chica. Solo porque él está allí».

2. Tiene una fe genuina

La fe no estuvo entre las primeras cualidades para todas, pero para las que dijeron tener una fe personal importante, obtuvo un puntaje *muy* alto.

Conocemos a muchos chicos que tienen creencias personales que consideran importantes, pero intentan mantenerlas escondidas porque sospechan que la mayoría de las chicas cree que las personas con «convicciones religiosas» son aburridas o extrañas. No es así. En nuestra encuesta, casi la mitad de las chicas que asistía a la iglesia o a la sinagoga cada semana colocó esta característica entre las tres primeras.

Ahora, volvamos a la tierra del Chico Popular, donde *no* hay buenas noticias para él. Lo que descubrimos a continuación, nos lleva a otra verdad descabellada que necesitas conocer.

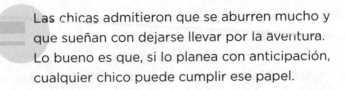

Las chicas admitieron que se aburren mucho y que sueñan con dejarse llevar por la aventura. Lo bueno es que, si lo planea con anticipación, cualquier chico puede cumplir ese papel.

Problema de desencantos para los chicos «perfectos»

Quizá supongas que los chicos de apariencia perfecta tienen todas las cartas adecuadas. No vayas tan rápido. En realidad, tienen algunas desventajas con las chicas.

> ### Tercera verdad descabellada
> Algunas cualidades del Chico Popular desencantan a las chicas en realidad.

Es cierto, pueden sentirse atraídas de manera visual hacia un chico escultural. Aun así, créase o no, tal parece que también tienen una sospecha automática de él. Es más, descubrimos que la mayoría de las chicas no confían en el «Sr. Perfecto por fuera». Suponen que es arrogante y engreído. Creen que las tratará mal y luego se irá.

Si eres como nosotros, debe darte *mucha* tristeza enterarte de esto. *Ay, pobres chicos ricos, atractivos y populares...* Sin embargo, no pudimos pasar por alto lo que tantas chicas dijeron:

▸ «Todos los chicos bien parecidos son sospechosos».

▸ «Si tiene un ego enorme, sabemos que siempre va a necesitar otra chica sensual que le preste atención».

▸ «No quiero sentir que tengo que secarme el cabello con secador y maquillarme para coincidir con su perfección».

▶ «Este chico bien parecido era un tonto para todas mis amigas. ¡No se pusieron celosas en lo absoluto, aun cuando es atractivo, ¡porque fue muy grosero y arrogante!».

Por supuesto, no todos los chicos muy atractivos son tontos. Las chicas señalaron que cuando van detrás de un chico atractivo que conocen bien, lo hacen porque es un buen chico y merece atención por otras razones aparte de su apariencia.

La mayoría de las chicas no confían en el «Sr. Perfecto por fuera». Suponen que es arrogante y engreído.

Pasos inteligentes que las chicas desearían que diera cada chico

Decidimos preguntar qué puede hacer el Chico del Montón para llamar la atención en el corazón de una chica. Las muchachas que entrevistamos nos lo dijeron. Además, nosotros pasamos sus peticiones porque nos lo pidieron. Dijeron que los chicos se divertirían mucho más con las chicas y tendrían más éxito con ellas si tan solo *escucharan* lo que les dicen sobre algunas cuestiones importantes.

¿Estás preparado para escuchar... y actuar? Mirarnos con sinceridad, y decidir hacer algo con respecto a lo que vemos, es una tarea difícil. Con todo, no es astronáutica. Llamémosle estar al tanto en cuanto a las chicas. Llamémosle madurar. Llamémosle aprender a ganar. Llamémosle... cualquier cosa que te dé resultado.

En un momento de nuestra encuesta, les hicimos la siguiente pregunta a las chicas:

ENCUESTA ¿Cómo debería pasar su tiempo libre un chico que intenta causarle una buena impresión a una chica? (Elige una opción).

a. En el gimnasio para mejorar su apariencia.

b. De una manera que mejoraría sus cualidades internas y su personalidad.

Si has estado leyendo con atención, podrías prever lo que eligieron casi todas las chicas. ¡«Mejorar sus cualidades interiores y su personalidad» ganó con un abrumador 91% de la votación!

Así que pongamos manos a la obra. A continuación tienes cinco pasos inteligentes que pueden dar los Chicos del Montón porque ahora saben lo que sucede dentro del corazón y la mente de las chicas. Lee con atención. Aun así, lee relajado. No sientas que debes transformarte en alguien que no eres. Por ejemplo, si hablamos de humor, no sientas que debes transformarte en el payaso de la clase si no es tu forma de ser. Solo podrías buscar oportunidades individuales para hacer sonreír a una chica. Mereces ser la mejor versión de *ti mismo* cuando estás con chicas.

Creemos que terminarás este capítulo con una idea más acabada de lo que puedes hacer para relacionarte mejor con las chicas de una manera que te resulte cómoda. Lo que es mejor, sabrás que *puedes* hacerlo, debido a que son cosas muy sencillas.

Primer paso inteligente: Toma en serio el humor.

Ya que tres de cada cuatro chicas dijeron que el sentido del humor es una de las tres principales características atractivas en un muchacho, es hora de tomárselo en serio. Si eres gracioso por naturaleza, date cuenta cuánto te envidiamos el resto de nosotros. Si no lo eres, no intentes memorizar libros de chistes («¡Oye, Megan! Resulta que un abogado, un sacerdote y un pato entran a un bar...»). La clave es estar al tanto de las oportunidades para hacer reír a una chica. Además, recuerda que el humor puede ser tierno o inteligente, sin tener que reírse a carcajadas.

Si no estás seguro de lo que te da resultado, toma dos semanas y observa qué hace reír o sonreír a las chicas en distintas situaciones. Luego, anímate a probar. Cuando suceda algo divertido, resérvalo para contarlo más adelante. Aunque el humor que se sirve de la crítica a los demás casi nunca es atrayente, no temas reírte de ti mismo de vez en cuando. Las chicas notarán tu sentido del humor:

▸ «Hay un chico de la banda que me gusta mucho.
  Usa anteojos y tiene senos masculinos... pero
  también es un payaso, es gracioso y tiene una
  personalidad increíble. Ayer lo estuve mirando y
  pensé: *Podría salir con él*».

▸ «No soy muy graciosa, así que me atraen los chicos
  que puedan hacerme reír en lugar de tener que
  salir con un montón de tonterías».

Segundo paso inteligente: Aporta la diversión; sé la aventura.

Está bien, la diversión (como el sentido de humor) es diferente para cada persona. Sin embargo, la mayoría de nosotros reconoce esa sensación de diversión cuando sucede. Por cierto, las chicas lo hacen. Cuando visitan algún lugar nuevo, al jugar al sol, al mirar una película de la que quieres hablar después, al olvidarte de las tensiones, cuando los dos sonríen extasiados... ¡reconoces la diversión cuando la experimentas!

Las chicas dicen que les encantan los muchachos que tienen una actitud de «probemos algo nuevo». Una de ellas nos dijo: «Es agradable despertarse por la mañana y no saber con exactitud lo que sucederá. Cada día es distinto cuando tienes al lado a un chico con sentido de aventura».

> Las chicas dicen que les encantan los muchachos que tienen una actitud de «probemos algo nuevo».

Tercer paso inteligente: Libera tu caballero interior.

Todos los chicos tienen un caballero interior. No, de verdad. Es que para algunos de nosotros le lleva un poco de tiempo aparecer. Las chicas se preguntan por qué. Bueno, la mayoría de nosotros comienza siendo egoísta e inmaduro. Y, algunos, no crecemos cerca de adultos que sean considerados ni respetuosos con los demás, en especial con las mujeres. Sin embargo, en algún momento, los chicos inteligentes se dan cuenta de que la conducta caballerosa es poderosa en las relaciones con el sexo opuesto.

Los que no aprenden esta lección pagan el precio. (Hablamos de muchachos que no se ofrecen a llevar cosas, abrir las puertas o que no les hablan con respeto a los adultos, en especial a los padres de su chica favorita). A estos chicos los pasan por alto, los dejan o van de una relación infeliz a otra.

No obstante, los chicos promedio pueden adquirir un gran atractivo si están dispuestos a tratar a una chica para que se sienta importante y atendida:

▸ «Cuando un chico es caballero, se nota que te respeta. Cuando no lo es, en verdad te hace valorar a los que sí lo son».

▸ «Hay un chico de mi vecindario que es muy considerado. Siempre intenta encontrar maneras de facilitarme o alegrarme la vida, y es muy generoso. Esa clase de consideración le abre muchas puertas a un chico».

Una chica nos contó acerca de un tonto despistado llamado David. «Un día de verano, David fue a la piscina y yo me senté a su lado para comer», escribió. «Los dos estábamos muertos de hambre, y había una familia a la que le sobraban un par de pedazos de pizza en su mesa. Fue y les pidió si podía servirse un poco».

En este momento, la chica piensa: *¡Mi valiente proveedor!* Sin embargo, esto fue lo que sucedió a continuación: «David volvió con dos pedazos, y pronto me di cuenta de que eran todos para él. Sabía que yo también tenía hambre, ¡pero se comió los dos pedazos frente a mí!». (Eh... bien hecho, David).

«Mi opinión de David se fue por el retrete», dijo la chica. «Si un chico quiere ser atractivo, no puede pensar con egoísmo. Debe aprender a ser un caballero con las chicas».

Cuarto paso inteligente: Incrementa la confianza.

Esto es difícil solo si luchas con la confianza en ti mismo (que sería el noventa y ocho por ciento de los adolescentes cuerdos). Sin embargo, parte de ser hombre es aprender a demostrar valentía y fortaleza aunque no siempre la sientas. Las chicas prefieren estar cerca de un chico confiado. Que sea tranquilo y educado. Que las mire a los ojos. Que esté contento con ser quien es. Que tenga el control (o al menos, que parezca tenerlo).

El beneficio para la chica es tremendo. En primer lugar, puede relajarse y sentirse segura. Y puede despertarse su interés.

Oye, todos percibimos que la confianza proviene de la valentía y la fortaleza. ¿A qué chica no le resulta atractivo eso?

Las abuelas de todo el mundo tienen razón en esta cuestión. Siempre sacuden un dedo huesudo en la cara de algún joven y dicen algo así: «¡Párate derecho!», «¡Entra a esa habitación como si te perteneciera, hijo!», y «Mira a las personas a los ojos cuando les hablas».

Muchas chicas informaron que cuando un chico no quiere hablar con ellas o no las mira a los ojos, se sienten inseguras. Una bonita estudiante del instituto nos dijo: «Si un chico no me mira siquiera a los ojos cuando está conmigo, ¡siento que debo estar haciendo algo mal!».

Admito (Jeff) que cuando era adolescente, no era el chico más confiado del mundo en lo que se refiere a las chicas. Era bastante extravertido y tenía muchas amigas, pero como ya viste con mi historia de Diane, estaba seguro de que parecería un completo idiota si intentaba llevar una amistad al siguiente nivel. Quizá no tengas la misma sensación paralizante, pero por si acaso, tenemos algunas ideas que pueden ayudarte.

> Una bonita estudiante del instituto nos dijo:
> «Si un chico no me mira siquiera a los ojos
> cuando está conmigo, ¡siento que debo
> estar haciendo algo mal!».

Aquí tienes algunas ideas para evitar la «parálisis de chica»:

▸ *Recuerda quién eres.* Eres quien *Dios* dice que eres, no el que sospechas que eres cuando te sientes como un completo tonto. Dios te creó por una razón... una buena razón. Sé quien eres en realidad, no quien crees que deberías ser para impresionar a una chica.

▸ *No escuches las mentiras*. Gran parte de la confianza en ti mismo se basa en tu desempeño: y esto comienza con la manera en que te percibes. Si crees que mereces que te rechacen, es probable que cuando intentes invitar a salir a una chica, tiembles como un pedazo de gelatina tibia en el fregadero justo antes de que lo absorba el fregadero. (Y, créase o no, uno de los mejores recursos para combatir las antiguas mentiras pueden ser tus anticuados padres. ¡No les digas que dijimos que eran viejos! Pregúntales cómo superaron las inseguridades y los pensamientos equivocados y cómo aprendieron a ganar confianza. Debe haber sucedido en algún momento porque tú estás aquí, ¿no es así?).

▸ *Respira hondo y arriésgate*. Nos gusta recordar el versículo bíblico que dice: «En la serenidad y la confianza está su fuerza». En todos los grupos de enfoque, escuchamos a las chicas decir cosas como estas: «Los muchachos no entienden que cuando se arriesgan para invitarnos a salir, ¡los respetamos más, no menos!». Sí, es un riesgo, ¿pero qué es lo peor que puede suceder? Si una chica te rechaza, te prometemos que no se hará un agujero en la secuencia tiempo-espacio que te arrastre a un universo alternativo del que no puedas escapar jamás. (Aunque en el momento, quizá te sientas así). Arriésgate. No importa lo que suceda, tienes un futuro prometedor por delante.

▸ *Mejora tu apariencia*. Es difícil sentirse bien cuando estás desaliñado. Sobresalir en la multitud puede resultarle atractivo a una chica. Sin embargo, sobresalir por tu falta de higiene personal *no* es la manera de ganar su corazón.

▸ *Toma la iniciativa en lugar de ser pasivo*. No la obligues a tomar todas las decisiones. Una queja común de las chicas fue: «Cuando salimos, no quiero estar con un chico que diga: "No me importa... Lo que quieras hacer está bien"».

▸ *«Hazlo con miedo» y luego vendrá la confianza.* Como director cinematográfico, me encantan las historias románticas de audacia y valentía (habla Eric). Sin embargo, en la mayoría de estas historias, los héroes son chicos comunes y corrientes que se *sienten* aterrorizados, pero aun así eligen *actuar* con valentía. Lo hacen con miedo: Resisten y hacen lo que sea necesario cuando no lo hacen los demás. La confianza viene como resultado. ¡Y la atención de la princesa también! Como escribiera una chica sobre la confianza: «¡Fíngela hasta obtenerla!».

▸ *Sé auténtico.* Una vez que conozcas a una chica bastante bien, ya sea como amiga o novia, confía en ella lo suficiente como para comunicar tus verdaderos sentimientos, incluso en aspectos donde no tienes mucha confianza. En esa sinceridad es donde termina la superficialidad y comienza la verdadera amistad.

> Arriésgate. Si una chica te rechaza, te prometemos que no se hará un agujero en la secuencia tiempo-espacio que te arrastre a un universo alternativo del que no puedas escapar jamás.

Quinto paso inteligente: Pon en práctica tu fe.

Recuerda que para muchas chicas la fe genuina fue la característica más atractiva en un muchacho. Y es interesante que las que no la pusieron entre las más importantes, nunca la vieron como algo negativo.

Jamás recomendaríamos que uses el argumento de «Soy muy religioso» para conseguir una chica. No obstante, si sigues a Cristo como nosotros, aquí puedes aprender mucho. Para empezar, es alentador saber que no es necesario esconder de las chicas lo que más nos importa en lo espiritual. Además, ¿qué obtienes si escondes tu fe para ganar a una chica que no la valora en primer lugar? Sería una estrategia hipócrita, cursi, con poca visión de futuro, que solo te llevará a estar con una persona y en un lugar que lamentarás.

Hay algo más que puedes aprender: Las chicas son muy inteligentes, así que si dices una cosa, pero haces otra, ¡cuidado! Verán tu falsedad. La palabra clave aquí es *genuino*.

La fe genuina comienza en el interior y desde allí sale hacia fuera. Si eres cristiano, *genuino* significa que le has dado a Cristo el primer lugar en tu vida. *Genuino* significa que crees lo que dices y lo que haces con tu vida: tu manera de hablar, tus valores, eh... hacia dónde van tus manos cuando estás en una cita... todo está en línea. Un recurso de noviazgo que nos gusta mucho es *Noviazgo: ¿Están preparados?*, de Justin Lookadoo y Hayley DiMarco.

«¡Tú puedes, aguador!»

Es hora de resumir lo aprendido:

▸ Primera verdad descabellada. Es sorprendente, pero *las chicas miran más allá de la apariencia*. No son tan visuales como los chicos a la hora de elegir un potencial interés romántico.

▸ Segunda verdad descabellada. En cambio, *las cualidades interiores son más importantes* para las chicas. Por ejemplo, quién eres y cómo las tratas tienen un atractivo mayor.

▸ Tercera verdad descabellada. *Los patanes ricos y atractivos quizá ganen al principio, pero casi siempre pierden a la larga.* Las chicas inteligentes sospechan enseguida de la arrogancia de los chicos populares. Así que tu forma de ser y tu manera de tratar a una chica te harán sobresalir de la multitud.

Y todo esto suma para llegar a la tremenda promesa para los Chicos del Montón: lo cual llamamos la cuarta verdad descabellada.

Cuarta verdad descabellada

Cuando un Chico del Montón pone en práctica en su vida la verdad sobre las chicas, sus maravillosas cualidades interiores brillarán... y las chicas se darán cuenta.

Como dijera el chico raro de las gradas en la película: «¡Tú puedes, aguador!». Esperamos que las advertencias y el consejo de cientos de chicas te hayan ayudado a recuperar la esperanza que perdieras en el camino. Por eso creamos nuestros cinco pasos inteligentes para los Chicos del Montón.

Domina estos pasos, muchacho, y las chicas atractivas y maravillosas susurrarán tu nombre desde el otro lado de tu ventana. Bueno, quizá no. Aun así, ahora que «captas» estas cosas, tendrás mucha más confianza en ti mismo y tu vida con las chicas se volverá *mucho* más interesante.

POR QUÉ A LAS CHICAS BUENAS LES GUSTAN LOS CHICOS MALOS

*Comprende el mayor temor
secreto de una chica y lo que
puedes hacer al respecto*

Zack es el típico chico agradable y atlético, y Ashley, una chica que se junta con el grupo de él, lo cree también. Zack hace deportes, tiene amigos, es limpio, educado y divertido. Ama a sus padres, asiste a la iglesia los domingos y la mayor parte del fin de semana pasado ayudó a Ashley con su tarea de matemática.

En el fondo, Zack está loco por Ashley. Tienen muchas cosas en común. Él pensó que las cosas iban bien el fin de semana, cuando ella le dijo cuánto valoraba su ayuda y disfrutaba pasar tiempo a su lado.

Sin embargo, el domingo por la noche, mientras guardaban sus libros, Ashley le contó a Zack por quién está loca *ella* en secreto. Y no es él.

Zack se fue a su casa herido y confundido. Herido porque Ashley está enamorada de otro. Confundido porque ese otro es Evan Knight.

¡¿Evan Knight?! Evan no es un chico agradable. Es arrogante, malhablado, le gusta andar de fiesta todo el tiempo, detesta a sus padres y ha tenido roces con la policía. Evan arrastra una guitarra hecha pedazos para todos lados y garabatea letras furiosas durante la clase como si fuera el próximo Kurt Cobain. «Déjame en paz», gruñe Zack.

Ah, y no olvidemos que coquetea con Ashley siempre que puede. No hay problemas en hacerlo en medio del pasillo con cinco personas escuchando. Es incluso mejor hacerlo en la cafetería donde lo observen veinte personas.

¿Qué puede pensar Zack del nuevo enamoramiento de Ashley? ¿Cómo puede ser que una chica inteligente y sensible como ella lo pase por alto a él y se enamore de semejante perdedor?

Muchos chicos con los que hablamos han estado en la situación de Zack. Han visto cómo chicas buenas se dejan absorber en relaciones con chicos malos y se han preguntado qué sucederá. ¿No te ha pasado a ti? Hablamos de chicas que saben lo que les conviene, que estudian y quieren tener una hermosa familia propia algún día. Dicen que quieren un buen chico, pero sus acciones sugieren lo contrario. Estamos allí, cerca de ellas, ¿y qué hacen? Le dan su corazón a una catástrofe en potencia.

Incluso los cineastas han estado al tanto de este extraño fenómeno. Por ejemplo, en la película *El diario de la princesa* (admítelo, la viste), Mia comienza siendo una chica tímida y sin estilo, tan invisible que literalmente la gobiernan. Uno de los únicos alivios de su vida aburrida es soñar con besar al chico malo más conocido de la escuela. Josh, un chico atractivo, es tan engreído que cualquier muchacho que vea la película quiere golpearlo. Mia apenas nota al hermano de su mejor amiga, un buen chico no tan llamativo llamado Michael. Cuando Mia descubre que es una princesa, Josh comienza a seducirla de repente. Y ella lo deja. Incluso cancela una cita con Michael, quien ha sido amable, servicial y atento con ella todo el año, porque Josh le hace una mejor oferta.

En este capítulo, intentaremos encontrar respuestas a esta irritante conducta femenina. (¿Deberíamos llamarla el «síndrome del Caballero Negro»?) Desde el comienzo, te diremos que esta conducta, por más extraña e irritante que parezca, no es tan importante *en comparación con la tremenda verdad a la que nos conducirá*. Mírala como el problema de Zack que te lleva a tu oportunidad. O mira la conducta de Ashley como un síntoma de algo mucho más profundo y más importante que debe saber todo muchacho. Incluso tú. Te garantizamos que cuando termine este capítulo, dirás «¡ajá!» sobre dos preguntas muy importantes que ni siquiera te haces en este momento:

1. ¿Qué tienen los chicos malos que atraen a las chicas buenas (además de inteligentes)?

2. ¿Cuál es su necesidad secreta que la lleva a semejante locura?

Una vez que comprendas lo que sucede en realidad, entenderás cómo relacionarte mejor con las chicas. Y aquí tienes algo aun más importante, una verdad que todos los Evan Knight del mundo pasan por alto: Dios hizo a los chicos para que satisficieran la necesidad secreta de una muchacha de maneras que la alentaran, la honraran y la protegieran.

Una vez que descubras cuál es su necesidad secreta, comprenderás lo que decimos.

Sueñan con el Caballero Negro

Para comprender qué le sucedió a Zack, les pedimos a las chicas que nos dijeran con exactitud qué tienen los Evan Knight del mundo que los hace semejantes imanes para las muchachas, tan insólitos y, digamos, *indignos*.

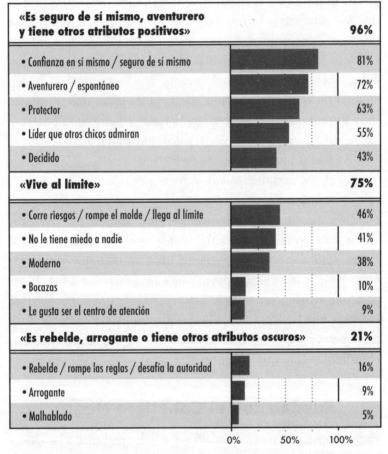

ENCUESTA Muchos chicos no se explican por qué a veces las chicas se inclinan hacia el «chico malo». ¿Qué atributos de personalidad pueden resultarte atractivos en un «chico malo»...? Elige todos los que se ajusten.

«Es seguro de sí mismo, aventurero y tiene otros atributos positivos»	**96%**
• Confianza en sí mismo / seguro de sí mismo	81%
• Aventurero / espontáneo	72%
• Protector	63%
• Líder que otros chicos admiran	55%
• Decidido	43%
«Vive al límite»	**75%**
• Corre riesgos / rompe el molde / llega al límite	46%
• No le tiene miedo a nadie	41%
• Moderno	38%
• Bocazas	10%
• Le gusta ser el centro de atención	9%
«Es rebelde, arrogante o tiene otros atributos oscuros»	**21%**
• Rebelde / rompe las reglas / desafía la autoridad	16%
• Arrogante	9%
• Malhablado	5%

0%   50%   100%

Nota: La primera línea de cada sección muestra el por ciento de las chicas que eligieron una o más respuestas de esa sección. Los por cientos no suman el cien por cien porque las chicas podían elegir más de una respuesta.

Encontramos dos grandes sorpresas en estos resultados y en las citas siguientes. En primer lugar, a las chicas les atraen en gran medida los chicos malos por sus cualidades positivas. Bueno, las *aparentes* cualidades positivas. Casi todas las chicas (96%) ven en los chicos malos ciertas cualidades positivas, por ejemplo, confianza, aventura y protección, las cuales captan su atención. En segundo lugar, observamos que pocas se sentían atraídas a conductas que casi siempre asociamos con los chicos malos. Por ejemplo, «engreído», «rebelde / desafía la autoridad» o «malhablado». Solo una de cada cinco eligió estas características como atractivas.

Mira lo que nos dijeron las chicas y tendrás una perspectiva más amplia:

- ▸ «Un chico malo no teme defenderte. Demuestra que te quiere de verdad, que le importas».
- ▸ «Soy previsible, y quiero que el chico malo saque la espontaneidad y la aventura que hay en mí».
- ▸ «Me gustan los chicos que no temen hablar con las chicas, invitarlas a salir, bromear, arriesgarse un poco».
- ▸ «Los chicos malos no son dependientes».
- ▸ «Al chico malo no le importa lo que los demás piensan de él. Por eso es como es. A las adolescentes les importa mucho lo que los demás piensan de ella, así que estar a su lado es liberador».
- ▸ «Me gusta que un chico sea un poco salvaje porque puedes vivir de manera alocada sin las consecuencias. Vives de forma indirecta a través de él cuando salta con su bicicleta sobre cinco autobuses, pero no tienes que caminar con muletas cuando se rompe una pierna».

O estás muy confundido en este momento, o ya leíste el capítulo 2 acerca del atractivo del Chico del Montón. Lo que sobresale aquí es que la lista de lo que quieren las chicas en cuanto a muchachos no cambia demasiado. Las cualidades que busca en un chico, ya sean el Chico Popular, el Chico del Montón o el Tipo Malo Evan Knight, son más o menos las mismas. Lo tenemos frente a nosotros, en palabras conocidas como estas:

▸ *confianza*
▸ *diversión*
▸ *aventura*
▸ *decisión*
▸ *no deja que la timidez lo paralice*

En el capítulo anterior, mencionamos un rasgo atractivo que no forma parte del esquema de juego de un chico malo: La consideración. Enseguida, analizaremos por qué las chicas parecen dispuestas a renunciar a esto. Sin embargo, por ahora, comprende que ni siquiera una chica dijo que le atraía el lado oscuro de un varón por razones como: «¡Porque las drogas son libertad!», o «Así asistes a mejores fiestas», o «Bueno, odio a mi perro, a mi papá, a la escuela y a ti también, así que tiene sentido que me junte con el lado oscuro».

«Me gustan los chicos que no temen hablar con las chicas, invitarlas a salir, bromear, arriesgarse un poco».

Todas las chicas buscaban algo más: algo que cualquier chico puede proveer a montones si presta atención y está dispuesto a intentar algo nuevo.

Aprende del lado oscuro

Observa una historia que escuchamos de una chica universitaria a la que llamaremos Jacki. Cuando la leas, no reacciones a las acciones trasparentes del muchacho. En cambio, fíjate en el efecto que tienen en Jacki y en sus comentarios acerca de por qué se vio tan tentada.

Conducía por la autopista cuando este «chico malo» en un auto deportivo se adelantó y se colocó a mi lado. Me sonrió por la ventanilla. Entonces, observé que escribía algo en un papel. Cuando lo levantó, decía: «Eres preciosa».

Oye, ¡a cualquier chica le encanta escuchar eso! Así que sonreí. Un minuto después, al mirar atrás, tenía otro cartel levantado. Decía: «En la próxima salida. Tomemos algo».

Sacudí la cabeza en negación. Aun así, no se dio por vencido. El próximo cartel decía: «Si no te gusto, me iré. Lo prometo».

Entonces, volvió a levantar el segundo cartel. «En la próxima salida. Tomemos algo».

Lo admito, en ese momento estuve increíblemente tentada a aceptar. Tenía algo tan atrevido y emocionante de chico malo, que debo decirte que me confundió. Mi vida es muy conservadora y hasta aburrida a veces. Aquí estaba este chico emocionante en un lindo auto y tentándome a tener un poco de aventura. No lo hice, pero comprendo por qué las chicas se arriesgan con extraños o quieren al chico malo. Aunque tu mente te advierte del posible peligro, te sientes en las nubes.

Lo extraño es que sabemos con exactitud lo que piensan estos chicos malos que manejan esos autos deportivos y hacen sentir a las chicas en el séptimo cielo. Y no es: *Vaya, si esta bella jovencita sube a mi auto, pondré mi colección de Mozart y la escucharé hablar durante horas sobre lo que piensa en realidad.* «Lo que piensa»... ¿estás bromeando? Sabemos que el chico solo quiere ver qué hay debajo de su ropa.

Sin embargo, créase o no, la mayoría de las chicas no lo sabe. O si lo saben, igual les gusta tanto la sensación que les produce que pueden considerar seguirle la corriente al muchacho. Casi todas las chicas nos dijeron que en la situación de Jacki, se verían tentadas a pensar: *Vaya, se fijó en mí y le atraigo como persona. Y si solo le gusta mi apariencia, bueno, al menos piensa que soy preciosa. ¡Y nos divertiremos!*

¿Qué pueden aprender los Chicos del Montón y los Olvidados Zack de este importante hecho? Sin duda, lo que sucede dentro de Jacki *no* es lo que sucede dentro del Sr. Chico Malo en el auto deportivo. Y, de seguro, hay una necesidad muy real y profunda que carcome a Jacki y la hace vulnerable a dejarse llevar... por el chico equivocado.

¿Cuál es esta necesidad tan real y profunda en una chica? Bueno, se nos ocurrió preguntarles a una gran cantidad de chicas. Y eso nos lleva a la segunda parte de la cuestión, la parte más importante de este capítulo.

> «Aunque tu mente te advierte del posible peligro, te sientes en las nubes».

La pregunta que la carcome en secreto

Cuando insistimos para que las chicas nos dijeran qué les resultaba tan atractivo de los chicos malos que las buscaban, nos dijeron que sobre todo tiene que ver con lo que sucede en su interior como chicas y solo tiene que ver un poco con los muchachos.

Descubrimos que en ellas se encuentra el temor lacerante e inconsciente de no ser atractivas: de no ser, a fin de cuentas, encantadoras. Lo más sorprendente es que esta terrible inseguridad ataca incluso a las chicas que todos perciben como hermosas y populares.

En un momento, te mostraremos cómo una chica inteligente pasa de la pregunta secreta: «¿Acaso alguien me amará?», a una apreciación tonta como: «¡Qué bueno que está Evan!». Sin embargo, miremos antes más de cerca lo que dijeron las chicas sobre su inseguridad oculta.

| **ENCUESTA** | ¿En cuál de las siguientes áreas, de haber alguna, te sientes menos segura o cuestionas cómo te ven los demás? Elige todas las que se ajusten. |

«Si soy querida»	75%

- Si los demás hablan sobre mí a mis espaldas
- Si les gusto a los chicos que quiero agradar
- Si mis amigos y mis conocidos me quieren y me aceptan por quién soy
- El estatus social / la popularidad / hasta qué punto me adapto

«Cómo me veo»	72%

- La imagen corporal
- Si soy bonita
- La ropa / la manera de vestir

«Quién soy»	58%

- Si mis amigos y mis conocidos me quieren y me aceptan por quién soy
- Si soy valiosa y única como persona
- Mis destrezas y habilidades
- Inteligencia / cómo me va en la escuela

«Ninguna de las anteriores; estoy segura en todas estas esferas»	9%

Nota: La primera línea de cada sección muestra el por ciento de las chicas que eligieron una o más respuestas de esa sección. Los por cientos no suman el cien por cien porque las chicas podían elegir más de una respuesta.

Durante nuestras entrevistas y encuestas de prueba en los centros comerciales, observamos que hasta las chicas atractivas confesaron que no estaban conformes con su apariencia. Para las chicas, esta parte de la vida debe ser dura. No sabemos cuántos varones se darán cuenta de que la mayoría de las muchachas que ven en los pasillos se sienten destrozadas por profundas dudas sobre una pregunta esencial: *¿Soy atractiva, especial y encantadora?**. Sin embargo, la encuesta muestra qué es lo que sucede con exactitud. *Nueve de cada diez chicas* se sienten inseguras en al menos una esfera importante. Y tres de cada cuatro chicas se sienten inseguras en especial acerca de dos grandes cuestiones:

▸ Si los demás las quieren por *lo que son.*

▸ Si *su apariencia* es atractiva.

Por supuesto, los muchachos tenemos nuestros propios temores secretos. Aun así, estamos más orientados al desempeño. Tememos hacer o decir algo tonto o de sufrir una derrota humillante frente a miles de espectadores que nos alientan... o de una chica linda.

En el caso de las chicas, la inseguridad profunda es diferente. Se preguntan: *¿Alguien me querrá? ¿Pensará que soy atractiva? ¿Qué pensarán los demás de mí en realidad?* Es más, de manera intrínseca, tienden a acudir a los chicos para obtener la tranquilidad sobre las respuestas a estas preguntas. Mira lo que nos dijeron las chicas:

▸ «Solo los chicos pueden afirmar si eres atractiva o no».

▸ «Medimos nuestro valor según el que se sienta atraído a nosotras».

---

*No intentes resolver este problema acercándote a esa chica linda y diciéndole: «Creo que eres atractiva, especial y encantadora». Es posible que te dé una bofetada.

> «Si es sincera, toda chica te dirá que no siempre se siente segura de ser una persona aceptable».

> «Uno de mis mayores temores es no ser lo suficiente como para satisfacerlo, y que él tenga que acudir a otra persona».

> «Si no le gusto a un chico, no debo ser agradable. Debe haber algo en mí que sea rechazable».

Si piensas que estos comentarios vinieron de chicas hogareñas, o sin ideas propias, volvemos a remitirte a www.foryoungmenonly.com para que veas a las chicas que entrevistamos. Nuestra encuesta no solo es válida desde el punto de vista estadístico, sino también puedes estar seguro de que una gran mayoría de las chicas con las que hablamos en los grupos de enfoque eran increíbles en muchos aspectos.

La inseguridad que las chicas describen aquí ayuda a explicar el porqué muchas chicas lindas soportan el maltrato a manos de sus novios. Shaunti, la esposa de Jeff, todavía recuerda una situación similar con una compañera de la universidad. Esta chica era atractiva y divertida... y pasó años saliendo con un chico que la trataba mal.

Cuando una de sus amigas la enfrentó sobre por qué lo soportaba, respondió: «Bueno, es mejor que estar sola».

La amiga respondió: «¡¿Por qué supones que estarías sola?!».

A esta altura, te preguntas: «¿Pero qué tiene que ver la inseguridad de una chica con su debilidad por los chicos malos?». O quizá ya hayas atado los cabos porque las pistas están a la vista.

Esta terrible inseguridad ataca incluso a las chicas que todos perciben como hermosas y populares.

El chico malo al fin consigue un 10

Es probable que Ashley se enamorara del chico malo Evan en lugar del amable y limpio Zack porque Evan respondió mejor a su importante pregunta. ¿La recuerdas? Es la pregunta que *todas* las chicas se hacen: *¿Soy atractiva, especial y encantadora?*

En cuanto a la respuesta a esta pregunta, los chicos malos a menudo se desenvuelven mejor a la hora de hacer y decir, lo que hace que una chica se sienta importante. Cuando Ashley está cerca del buen chico Zack, que no la afirma del todo, en general recibe señales confusas o silencio. Sin embargo, cuando está con un chico malo y presumido como Evan, lo más probable es que coquetee de manera escandalosa con Ashley o la deleite arriesgándose de modos que la hagan pensar que se fija en ella.

Por supuesto, al resto nos da ganas de vomitar cuando vemos que el chico malo seduce a una chica. Y es cierto, a veces exagera. Aunque tiene en claro muchas cosas:

▶ Toma la iniciativa.
▶ Toma una decisión.
▶ Corre riesgos.
▶ Demuestra confianza en sí mismo.

¿Recuerdas todas esas cualidades interiores importantes? Cuando Evan avanza, le deja entrever a Ashley (o le hace creer al menos por un minuto) que lo tiene bajo su hechizo. Le hace latir con fuerza el corazón. De repente, se siente *muy* atractiva.

Sentirse atractiva es una emoción que derrite la inseguridad de una chica como los cubos de hielo en el Sahara.

A veces, los chicos malos responden mejor a la pregunta de ella: *¿Soy atractiva, especial y encantadora?*

CAMERINO...

Una vez más: El secreto de la confianza en uno mismo

Por supuesto, se trata de más que solo atención y coqueteo. Cuando un chico tiene confianza en sí mismo, una chica siente la fortaleza que está buscando. Piensa: *Este chico no le teme a nadie*, o *Este chico sabe cómo tomar el control*. Y se siente profundamente segura cuando semejante líder intrépido se interesa en *ella*. (Sí, sabemos lo que piensas: ¡quieres ser ese chico!). Aquí hay algunos comentarios típicos de las chicas:

▸ «Nos gusta el chico confiado porque queremos sentirnos protegidas, queremos saber que podemos acudir a él para lo que sea».

▸ «Cuando no estás seguro de ti mismo, comenzamos a dudar de ti. En el fondo, toda chica quiere a un hombre que tome la iniciativa y se ocupe de ella».

▸ «Creo que en secreto deseamos recurrir a la fortaleza de un chico. Nos atrae la fuerza cuando nos sentimos débiles. Es como esa frase de la película: "Me completas"».

▸ «Queremos al caballero, pero a veces nos inclinamos hacia el caballero negro. En especial, porque en el fondo no creemos que el caballero blanco vaya a querernos».

Alimentar todas estas necesidades y deseos es la inseguridad secreta de una muchacha. El chico que lo comprenda (sin importar cuáles sean sus demás cualidades) entenderá cómo alegrarle el día a una chica e incluso cómo ganar su corazón.

Quizá te preguntes si te aconsejaremos a dejar de ser tan bueno y comenzar a ser malo. (Si *tú* no te lo preguntas, tu madre o tu líder de jóvenes sí se lo preguntan). Relájate. No hay por qué actuar como un chico malo que tiene más actitud y menos células cerebrales que un hámster promedio, pues tenemos algo más para decirte...

«Cuando no estás seguro de ti mismo, comenzamos a dudar de ti. En el fondo, toda chica quiere a un hombre que tome la iniciativa y se ocupe de ella».

Zack da un puñetazo más (con amabilidad, por supuesto)

Confesión: un poco más atrás te dijimos la verdad, pero no toda la verdad. (Jeff es abogado... ¿qué esperabas?). En la pregunta de la encuesta de la página 42, te dijimos que preguntamos: «¿Qué atributos de personalidad pueden resultarte atractivos en un "chico malo"...?». Sin embargo, esa no era toda la pregunta.

Nuestra razón detrás de esta cruel estratagema fue que quisimos que observaras que lo que ve una chica, o lo que cree ver, en un chico malo es sorprendentemente similar a lo que ve en *cualquier* chico que le atrae. Así que ahora está la pregunta *completa*, de la manera en que la hicimos, incluyendo la parte que excluimos antes: «¿Qué atributos de personalidad pueden resultarte atractivos en un "chico malo" que (en caso de tenerlos) harían que un "chico bueno" fuera incluso más atractivo para ti?».

Con cada una de sus respuestas sobre los chicos malos, las chicas les decían a los Zack del mundo cómo derribar a los Evan Knight del mundo con un buen gancho de izquierda (con educación, por supuesto). Sin duda, las chicas dicen que la mejor combinación posible es un chico que tiene una actitud divertida y aventurera frente a la vida y que busca con seguridad a la chica que quiere, pero sin la rebeldía prepotente y presumida que define al chico malo. Es más, menos de una chica de cada cinco mostró interés en el lado oscuro. Aquí tienes tres comentarios representativos:

▸ «Preferimos lo "agradable". Con todo, si eso significa aburrido, previsible, sin aventura, cero confianza... olvídalo. Nos inclinaremos al chico inquieto».

▸ «En general, el atractivo de un chico no está en el lado oscuro ni tiene que ver con la apariencia. Se trata de la onda que transmites. Si eres una persona confiada (o al menos sabes fingirlo), sabes conversar, pareces interesado, lanzas algunos chistes... *¡Pumba!* ¡Acabas de cautivar a una dama!».

▸ «En verdad queremos al chico maravilloso que permanecerá en el tiempo, no al muchacho de la fiesta que fuma, bebe y se mete en problemas».

La lección evidente es que Zack tiene todas las posibilidades del mundo para obtener la atención de Ashley... si aplica lo que sabe sobre cómo están hechas las chicas y está dispuesto a mejorar su saque en algunas esferas clave.

La mejor combinación posible es un chico que tiene una actitud divertida y aventurera frente a la vida y que busca con seguridad a la chica que quiere, pero sin la rebeldía prepotente y presumida que define al chico malo.

Sabiduría para los Caballeros Blancos

Estamos listos para dar consejos acerca de cómo los chicos buenos pueden responder mejor ante las inseguridades de una muchacha, y resumiremos lo que aprendimos de los chicos malos.

Comprende sus inseguridades; protege su corazón.

Todos los chicos temen no dar la talla de alguna manera. Usan esos sentimientos para comprender cómo puede sentirse una chica en las esferas donde es más vulnerable. Recuerda, será susceptible en especial en cuanto a su apariencia y a su aceptación por parte de los demás. Así que busca maneras de afirmarla y halagarla con sinceridad. (Ah, y para que sepas, las chicas dijeron que fracasa la frase de «qué buena estás». En cambio, dile que es divertido estar a su lado. O si está amargada porque olvidó maquillarse, comenta al pasar: «¡Pero si no necesitas maquillaje!»). Las chicas nos dijeron que el humor también ayuda, pero solo si te ríes *con* ella, no *de* ella.

Debido a lo que sabes sobre las ilusiones y temores más profundos de una chica, tienes la responsabilidad de cuidar su corazón. Una muchacha nos dijo:

> Es lindo cuando un chico te protege porque, en general, no nos sentimos de ese modo en casa ni con nuestras amigas. Podemos tener una personalidad fuerte y capaz, pero aun así sentirnos un poco nerviosas con respecto a avanzar en este mundo grande y malvado. De modo que cuando percibes que un chico te cuida de verdad, de manera física y emocional, satisface ese temor secreto.

La protección es lo opuesto a jugar con sus sentimientos para obtener lo que quieres. Puedes ser confiado, divertido y considerado sin darles falsas esperanzas a las chicas. No te gustaría que una muchacha fuera descuidada con *tu* corazón, ¿verdad? Entonces, esfuérzate por no ser descuidado con el suyo.

Corre algunos riesgos.

Ya señalamos cómo la lista de cualidades que las chicas buscan en un varón no cambia en realidad... solo el paquete de presentación. Así que toma un minuto para reconsiderar lo que nos dijeron las chicas sobre esas cualidades y los datos que nos dieron (busca las páginas 30-38).

Al igual que nosotros, la adrenalina de las chicas se eleva al hacer cosas divertidas, disfrutar una aventura y sentir la emoción de la libertad. Mientras que un chico malo ofrece un camino peligroso en lo emocional, las chicas con las que hablamos dijeron que prefieren que un chico más agradable las arrastre a una aventura divertida. No obstante, eso significa que tú, el chico bueno, debe actuar. Quizá debas brindarte para enseñarle a hacer *snowboard* un día en el viaje de esquí del grupo de jóvenes. O reúne un grupo para ir a jugar con pistolas de láser. Convéncela a subirse a la montaña rusa más temible... contigo.

Y oye: *no* nos referimos a tomar decisiones tontas ni peligrosas. (Es probable que escucharas el chiste: «¿Qué es lo último que hace un campesino despistado justo antes de morir?». Dice: «¡Eh, chicos, miren *esto*!»). Si no se te ocurre una idea, pregúntales a las chicas que conoces, o a la chica que te interesa, qué creen que es divertido y emocionante.

Mientras que un chico malo ofrece un camino peligroso en lo emocional, las chicas con las que hablamos dijeron que prefieren que un chico más agradable las arrastre a una aventura divertida.

Persíguela.

No nos referimos a perseguirla en el patio de recreo como lo hacías cuando tenías siete años. Las chicas que en secreto se sentían atraídas al chico malo dijeron que respondían a su atención concentrada. Él da el primer paso y le dice que está interesado en ella. La chica se siente deseada, importante, buscada. La persecución de una chica es tan sencillo como decir: «Vamos con varios chicos al cine. Me encantaría que nos acompañaras».

Ten la valentía de levantarte y jugarte el corazón. Concéntrate en ella de manera positiva y afirmadora. Con sinceridad, desea conocerla mejor, no solo para obtener algo de ella. Sin duda, le causarás una impresión.

Si ya son novios, buscarla a pesar del riesgo puede ser tan sencillo como no dejarla retirarse durante una discusión, sino intentar descubrir lo que sucede (quizá te diga: «No es tu problema»). Te arriesgas al rechazo... y, para ella, es algo bueno. Desde su perspectiva, estás yendo tras ella.

Si no están saliendo juntos, arriesgarte al rechazo al pedirle pasar juntos algún tiempo es un gran paso. En algún momento de nuestras vidas, casi todos los varones hemos mirado fijo el teléfono durante horas, temiendo llamar a una chica bonita... pero pregunta *en persona* si en verdad quieres anotarte unos puntos. Anímate. Cuando te pongas tan nervioso que las palabras te salgan al revés y termines tropezando con la pared, es probable que ella piense que eres el chico más adorable que haya visto en su vida.

> Ten la valentía de levantarte
> y jugarte el corazón.

El problema lógico de los Caballeros Negros

Entonces, ¿qué hemos aprendido sobre las chicas, los muchachos oscuros y la inseguridad? Míralo como un problema de concepto, luego, da un paso lógico a la vez para que nadie se pierda.

▸ Primer concepto: Incluso una chica que parece segura de sí misma, teme no ser especial, atractiva, ni encantadora.

▸ Segundo concepto: Cuando con audacia, un chico le presta atención, se siente querida. Piensa: *Vaya,*

¡debo ser especial, después de todo! Tiene esa sensación maravillosa sin importar si se trata de un buen chico, de un chico deshonesto o de Bob Esponja. Bueno, casi.

▶ Tercer concepto: El problema es que, durante la adolescencia, a menudo es el caballero negro con mucha actitud y pocas células cerebrales el que emite fuertes ondas de confianza en sí mismo.

Estos tres conceptos se suman para formar una oportunidad excelente para los chicos comunes que no saben por qué no pueden captar la atención de una chica. Como verás, no es necesario que te perfores con eslabones de cadena ni que dispares obscenidades como un sargento instructor. No hace falta fingir que eres la reencarnación de Kurt Cobain. Ni siquiera tienes por qué odiar a tu madre. Solo tienes que ser tú mismo.

Solo tienes que ser tú mismo.

Ahora que comprendes la pregunta secreta que arde en el alma de toda chica, puedes alentar a las muchachas dando un paso al frente y siendo aquello para lo que te diseñaron... y el hombre que ellas están buscando.

CUANDO LAS CHICAS DEJAN DE TENER SENTIDO

*La guía para descodificar
la frustrante conducta femenina*

El iPod nano y tú
Una historia en cuatro días

Primer día: Despilfarras bastante dinero en un nuevo iPod nano. Por supuesto, no miras el manual. ¡No me digas! Solo lo prendes, mueves el pulgar por la ruedita para hacer «clic», navegas por el menú, bajas algo de música y en unos minutos, estás escuchando tus melodías preferidas.

Segundo día: Te vas a correr, con el pulgar en la ruedita del «clic», escuchando tu música preferida para hacer ejercicio...

Tercer día: Te pones a estudiar, con el pulgar en la ruedita del «clic», escuchando tus melodías preferidas para estudiar...

Cuarto día: Caminas por la ciudad, con el pulgar en la ruedita del «clic»...

Bueno, ya te das una idea. El iPod siempre es un iPod: no hay sorpresas, no hay silencios incómodos. Un «clic» y estás escuchando tus melodías favoritas. Gracias, Steve Jobs.

La chica y tú
Otra historia en cuatro días

Primer día: Tú y ella la pasan de maravilla en su casa, luego van al cine y a tomar un helado. Ella sonríe, escucha tus historias, se ríe de tus chistes. Se toman de la mano. Esos otros pobres infelices no tienen otra cosa para sostener que un iPod. La vida es buena.

Segundo día: Tú y ella la pasan de maravilla luego de la escuela. Ella sonríe, se ríe y escucha tus historias (es probable que las mismas de siempre), se ríe de tus chistes (aunque son malísimos). Se toman de la mano. La vida es buena.

Tercer día: Pasas un rato extraño con ella y varios amigos en la cafetería. Ella no sonríe. Al menos, no te sonríe *a ti*. Tampoco te escucha ni se ríe. No encuentras su mano. La vida es... extraña.

Cuarto día: ¿Qué rayos sucedió en el tercer día? ¿Le pasa algo a tu nueva novia? ¿O te pasa algo a ti? *¡No tienes idea!* Te vas solo a tu casa, arrastrando los pies. Esos otros infelices afortunados tienen un iPod para divertirse. La vida apesta.

Ah... ¡si solo las chicas fueran como los iPods! Todo sería mucho más sencillo. Sin embargo, no lo son (pero es bueno). Las chicas son complicadas... y *muy* confusas. Un día dicen una cosa; al día siguiente dicen justo lo opuesto. A veces, parecen normales, lógicas y comprensibles a la perfección. Luego... *¡pum!* Tu dulzura se enfurruña... o se transforma en un lanzallamas. Y te preguntas qué sucedió.

Bueno, *¿qué* sucedió? *¿Estará loca?*, te preguntas. *¿Habré hecho algo estúpido? ¿Debería intentar resolver las cosas... o salir corriendo?*

De eso se trata este capítulo.

Las chicas son complicadas... y *muy* confusas.

Cómo se descodifica la respuesta femenina

Abandonando toda precaución, les preguntamos a las chicas si creían que la manera en que se comportaban tenía sentido siempre. No, de verdad. Supusimos que lo mejor sería ir directo al grano... y lograr que admitieran la verdad. Es decir, queríamos que dijeran: «No, la mitad de las veces somos mutantes enloquecidas».

Sin embargo, esto fue lo que sucedió en realidad. A medida que escuchábamos a las chicas en los grupos de enfoque y los centros comerciales, nos quedábamos pasmados al escucharlas decir que *casi toda conducta en apariencia casual de una chica es lógica en realidad. Ocurre por una razón.*

No les creímos una palabra. Aun así, para que puedas ver la evidencia con tus propios ojos, lee nuestra pregunta y sus respuestas:

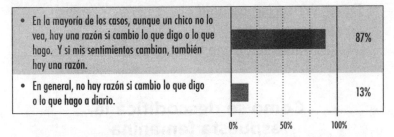

• En la mayoría de los casos, aunque un chico no lo vea, hay una razón si cambio lo que digo o lo que hago. Y si mis sentimientos cambian, también hay una razón.		87%
• En general, no hay razón si cambio lo que digo o lo que hago a diario.		13%

Súmalo. Casi nueve de cada diez chicas dicen que hay una razón detrás de su conducta. Con esas cifras, decidimos mirar más de cerca. Y lo que descubrimos fue tanto una gran sorpresa como un gran alivio. Cuanto más escuchábamos, más nos dábamos cuenta de que (a) las chicas no bromeaban y (b) quizá sabían algo que desconocíamos nosotros.

Más o menos en ese momento, nuestro talento natural hizo efecto y tuvimos una revelación increíble: Si en verdad hay razones, debe existir un código para comprenderlas. Llamémoslo el Código de la Respuesta Femenina. Es más, llegamos a la brillante conclusión de que si un chico se tomara el tiempo para descifrar este código, sabría cómo darle un final mucho mejor a su historia personal de «La chica y tú» que acabas de leer. ¿Eres lo bastante valiente como para intentarlo? Si lo eres, creemos que aprenderás algunas cosas que nunca imaginaste.

En primer lugar, deberíamos señalar que en tiempos de guerra, la descodificación es una tarea arriesgada. (Por alguna razón, la mayoría de los chicos concuerdan en que las analogías de guerra encajan bien en este capítulo). Así como los descodificadores durante la Segunda Guerra Mundial tuvieron que acercarse de forma peligrosa a las líneas enemigas para escuchar sus transmisiones radiales, tú también debes arriesgarte para escuchar con cuidado lo que dicen las chicas. Además, y esto es fundamental, debes escuchar y observar sus confusas palabras y acciones con la convicción de que hay una razón (por lo tanto, un código) que los chicos comunes como tú, y nosotros, podemos descubrir.

Creemos que vale la pena correr el riesgo. Una vez que sepas cómo descifrar el código, te garantizamos que tu vida con las chicas (y más adelante, con tu esposa) mejorará en forma drástica.

A medida que escuchábamos a las chicas en los grupos de enfoque y los centros comerciales, nos quedábamos pasmados al escucharlas decir que casi toda conducta en apariencia casual de una chica es lógica en realidad.

¿Qué le sucede hoy?

Tu primer paso es lógico, pero hipotético. Debes considerar la posibilidad de que los sentimientos de una chica vengan de alguna parte. En otras palabras, de que haya una razón detrás de los sentimientos. Y si puedes descubrir de dónde provienen, estarás en camino a descifrar este código casual en apariencias.

«¡Qué bueno!», dirás. «¿Dices que un sentimiento es una *razón*? ¡De ninguna manera! Una razón debe ser lógica, y la mayoría de las veces, los sentimientos de las chicas son como trozos de plátano que lanza una batidora».

Bueno, sí y no. Estás a punto de descubrirlo.

Cientos de chicas nos ayudaron a ver que hay cuatro respuestas a la pregunta: «¿Qué le sucede hoy *a ella*?».

1. algo que hiciste, aunque no te des cuenta que lo hiciste
2. algo relacionado con sus circunstancias (no tiene que ver contigo)

3. algo que sucede en su interior
4. revolución hormonal

Los resultados de nuestra encuesta muestran que la conducta irracional de una muchacha casi siempre está arraigada a una realidad importante, ya sea física, emocional o circunstancial. Como lo expresara una chica: «No siempre podemos decirle al chico lo que sucede, pero casi siempre hay una explicación lógica para lo que puede parecer una conducta extraña o temperamental».

Sin embargo, la descodificación lleva tiempo. Hace falta paciencia. Y una determinación de acero para c-o-m-p-r-e-n-d-e-r. Echa un vistazo.

Primera categoría: Reacciona ante algo que hiciste, aun si no te das cuenta que lo hiciste.

Seamos sinceros. Los chicos podemos hacer y decir cosas que producen una fuerte reacción en una chica. Sin embargo, a menudo ni siquiera sabemos que hicimos o dijimos esas cosas. Y como no tenemos idea, la culpamos por una reacción que provocamos nosotros.

Las chicas con quienes hablamos intentaron ayudarnos. Te daremos dos ejemplos:

Se siente herida por algo que dijiste o hiciste.
Como sabes por el capítulo anterior, ¡y por experiencia!, las chicas tienen puntos sensibles que los chicos pueden activar con facilidad. Cuando mi esposa Lisa (de Eric) y yo estábamos en la universidad, las reglas eran mucho más estrictas y los chicos no podían estar en las habitaciones de las chicas a menudo, ni viceversa. Un día, visité el vestíbulo de su residencia estudiantil y pasé un rato hablando con ella en su habitación, luego bajé

a la entrada a saludar a otras chicas. Terminé pasando un buen rato en una habitación donde vivían cuatro chicas, y cuando volví a la de Lisa, se había ido. Me entristeció un poco, porque habíamos salido algunas veces y esperaba poder pasar un rato con ella. Su compañera de habitación me dijo que la buscara en la biblioteca. Fui allí y, por cierto, la encontré. Pensé que se alegraría de verme, pero en su lugar me trató con algo de frialdad. Esa noche, durante la cena, estuvo igual de distante. *¿Qué rayos sucede?*, me pregunté. ¿Dónde estaba la chica divertida y llena de vida con la que había salido el viernes anterior?

Bueno, más adelante, mucho más adelante, me enteré de que había esperado que pasara la mayor parte de mi limitado tiempo a su lado, y se sintió herida y celosa porque pasé mucho tiempo con las demás chicas. No obstante, a la larga me confesó que no podía decírmelo porque habría parecido demasiado directa y dependiente.

¡Ajá! Así que el aparente malhumor casual tenía una base racional después de todo. Fue lamentable, pero la base era yo. ¡No lo puedo creer!

Se siente enojada por algo que dijiste o hiciste.

Mientras escribíamos este libro, mi hija Hannah (de Eric) estaba mirando la página de *Facebook* de un amigo y vio que había alardeado acerca de «anotar con una chica» de nuestro barrio. Hannah quedó horrorizada porque sabía que ella era la única amiga de este chico en nuestro barrio, y no había sucedido nada remotamente parecido a «anotar».

Hannah estaba tan enojada con él que no pudo enfrentarlo durante tres días. Y él no entendía por qué ella estaba tan distante. Cuando por fin hablaron, él admitió haber publicado una mentira. «Los chicos hacen eso», dijo. «A veces alardeamos y mentimos. Lo lamento mucho». Se sintió avergonzado por ser la causa de los tres días de sufrimiento de Hannah, y también comprendió por qué de repente lo había evitado. Había una razón para el caso fortuito.

Nos alegra que al chico se le haya prendido la bombilla. Sin embargo, debería saber que tiene suerte de que su iluminación no le haya costado una golpiza de parte de los otros amigos varones de Hannah.

El aparente malhumor casual tenía una base racional después de todo. Fue lamentable, pero la base era yo. ¡No lo puedo creer!

Segunda categoría: Reacciona ante algo relacionado con sus circunstancias (no tiene que ver contigo).

Mira las respuestas fascinantes que obtuvimos en la encuesta:

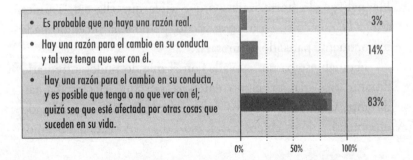

ENCUESTA Supongamos que un chico ve que el lunes una muchacha actúa de una manera con él, pero de una forma distinta por completo el martes. Según tu opinión, ¿cuál de las siguientes es la explicación más probable? (Elige una opción).

• Es probable que no haya una razón real.	3%
• Hay una razón para el cambio en su conducta y tal vez tenga que ver con él.	14%
• Hay una razón para el cambio en su conducta, y es posible que tenga o no que ver con él; quizá sea que esté afectada por otras cosas que suceden en su vida.	83%

0%   50%   100%

Más de ocho de cada diez chicas enfatizaron que un cambio en la conducta frente a un chico puede deberse a que se ve afectada por algo distinto por completo, algo que él desconoce o no notó. Una chica de un grupo de enfoque, a la que llamaremos Jessie, nos dio un buen ejemplo.

Un sábado por la noche, Jessie y su novio, Rob, estaban sentados en el sofá de la casa de los padres de ella mirando una película. Rob pasó el brazo alrededor de Jessie y la trajo más cerca. Ella sonrió y se acurrucó, disfrutando de la atención. Sin embargo, al otro día, cuando Rob estaba de vuelta mirando un partido de fútbol con Jessie en el mismo sofá, intentó el mismo movimiento acogedor y obtuvo un desaire. *¿Qué le sucede?*, se preguntó, y sintió frustración y enojo al pensar en la conducta contradictoria de ella.

Lo que no sabía era que Jessie había divisado a su madre, trabajando en el jardín justo detrás de ellos, por la ventana abierta. Había rechazado a Rob porque no se sentía cómoda mostrando afecto frente a sus padres. Ellos sabían que Jessie y Rob se habían comprometido a evitar situaciones sexuales, y ella no quería que dudaran. Y como su mamá estaba lo bastante cerca como para oír, no podía decir nada al respecto. Lo único que pudo hacer fue alejarse y esperar que Rob no se ofendiera demasiado.

«Me irritó mucho», recuerda Jessie, «porque no entendía mis señales de que no era el momento para acurrucarse».

¿Comprendes lo que queremos decir? Había una razón para la inexplicable conducta, pero el chico no estaba al tanto.

«Me irritó tanto», recuerda Jessie, «porque no entendía mis señales».

Tercera categoría: Reacciona a algo que sucede en su interior... y quizá te pruebe por eso.

Tiene sentido que lo que molesta a una chica en su interior tenga un impacto en su reacción exterior. Incluso en su reacción frente a un chico, aunque él no tenga nada que ver con lo que sucede.

Es lamentable, como te mostramos en el capítulo 3, pero algo común que sucede en la vida de una adolescente es la inseguridad. Una chica que se siente insegura en cuanto a, por ejemplo, si le importas tanto como dices que te importa, puede probarte un poquito. (Ah, no, ¡una prueba sorpresa!).

Una chica de un grupo de enfoque nos contó la manera en que probó a un chico que le gustaba en secreto. Un día, le preguntó al pasar: «¿Alguna vez consideraste invitar a Kara a salir?». Quedó encantada cuando le respondió: «En realidad, iba a invitarte a *ti*». Diríamos que pasó la prueba. En especial, puesto que todas las chicas de ese grupo de enfoque prácticamente se desmayaron del placer al escuchar la historia.

Otra chica describió un juego de tira y afloja para probar el compromiso de un muchacho. «Arrojo un dardo verbal para ver con cuánta facilidad lo hago salir corriendo», dijo. «Parece terrible, pero si le resulta muy fácil correr, es evidente que no le importo demasiado. Así que no lo quiero».

¿Confundido? ¿Te sientes destinado al fracaso? ¿Te sientes manipulado? No... ¡Solo te *sientes* como si fueras una chuleta de cerdo vapuleada en una pelea de perros!

En serio, les dijimos a las chicas que es una de las conductas que vuelve locos a los muchachos. Y estuvieron de acuerdo en que es inmaduro y a veces hiriente. Sin embargo, también reconocieron que no pueden evitarlo. En realidad, a veces ni siquiera son conscientes de lo que hacen hasta más adelante.

Algo poderoso en lo profundo de una chica se pregunta: *¿En verdad le importaré como dice?* Así que cuando hace cosas de manera inconsciente para alejarlo, en realidad espera que él persevere. Todo se debe a que su perseverancia la ve como una de las maneras más claras en que puede quedarse tranquila de que se preocupa por ella. Apréndelo ahora y desarrollarás una habilidad que te ayudará a reducir al mínimo estas conductas enloquecedoras a lo largo del camino.

La nota que nos envió una chica es el ejemplo perfecto de lo que estamos diciendo:

Danny fue el primer chico que supo cómo tratarme... con las cosas buenas, las malas y las desagradables. No salió corriendo al ver mis sentimientos alocados, y en cuanto me di cuenta de que estaba comprometido, me calmé y las emociones también se tranquilizaron.

Le preguntó al pasar: «¿Alguna vez consideraste invitar a Kara a salir?». Quedó encantada cuando le respondió: «En realidad, iba a invitarte a *ti*».

Cuarta categoría: Envenenamiento hormonal

Sabías que llegaríamos a esto. Si has asistido a clases de salud o has salido de tu cueva al menos una vez en los últimos cinco años, sabes que al comenzar la pubertad las chicas soportan un acontecimiento biológico de más o menos cada veintiocho días. Dicen que su ciclo menstrual, junto con el maremoto de hormonas que lo acompaña, es una de las cosas más difíciles de ser una chica. Durante esos días, al menos para algunas, cualquier cosa puede pasar.

En teoría, las hormonas femeninas no son venenosas. Aun así, suponemos que es probable que haya una gran correlación entre este ciclo y los asesinatos sin resolver y otros actos violentos.

Las víctimas típicas serían chicos lo bastante tontos como para hacer un comentario así: «Mi amor, ¿estás más gordita?».

Los muchachos aprenden con rapidez que añadirle irritabilidad u otras conductas inexplicables al período de una chica, e incluso mencionárselo, es estúpido y peligroso. Sin embargo, como nuestra encuesta nacional se hizo en línea y no pueden decapitarte vía Internet, aprovechamos la oportunidad para preguntar en tu lugar. Aquí tienes lo que preguntamos y lo que dijeron las chicas:

«SOLO DIJE QUE PARECÍAS UN POQUITO HINCHADA».

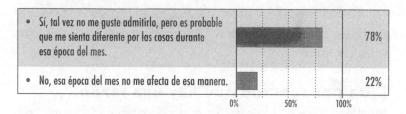

ENCUESTA ¿Percibes que cuando estás en «esa época del mes» a veces tienes cambios emocionales fuera de lo común (es decir, te irritas con mayor facilidad y en unos días estás más razonable)? (Elige una opción).

- Sí, tal vez no me guste admitirlo, pero es probable que me sienta diferente por las cosas durante esa época del mes. — 78%
- No, esa época del mes no me afecta de esa manera. — 22%

0%   50%   100%

En primer lugar, fíjate que una de cada cinco chicas no siente que su ciclo mensual la afecte. Es un gran alivio. Sin embargo, también observa que cuatro de cada cinco chicas sí experimentan cambios emocionales extraordinarios... y lo admiten.

Es comprensible que la mayoría de las chicas que conoces no te cuenten que están con el síndrome premenstrual. Para un chico sensible que espera tener una larga vida, esto quiere decir que es necesario tener todas las antenas bien puestas y sintonizadas. Te advertimos a *no* suponer que esta siempre sea la razón para las conductas confusas. Después de todo, el síndrome premenstrual no es un problema la mayor parte del mes. Así que es probable que la razón esté dentro de las demás categorías que pasaste por alto. Sin embargo, por si acaso, siempre es bueno tener un plan para saber cómo responder. Te ayudaremos con eso en la próxima sección.

Suponemos que es probable que haya una gran correlación entre este ciclo y los asesinatos sin resolver y otros actos violentos.

Qué hacer cuando aparece lo «casual»

Ahora que sabemos que las chicas son, sí, complicadas, pero no locas de manera casual, ¿cómo debería responderle un muchacho? ¿Qué puede decir o hacer un chico motivado cuando las cosas no parecen estar del todo normales con una chica? Analiza estos cinco pasos sensatos para chicos que se sienten atascados en una Dimensión Desconocida con una chica que antes era normal.

1. Da por sentado que hay una razón.

Muchos chicos desestiman lo que no comprenden sobre las chicas pensando: *Otra vez lo que hace no tiene sentido*, o *Debe ser esa época del mes*. Créenos, las relaciones se deterioran con rapidez si hasta aquí llegan los chicos para comprender a la persona que quieren. En cambio, cuando ves una conducta confusa, si *supones que hay una razón y la buscas*, pulirás una habilidad que los hará mucho más felices a los dos.

> Cuando ves una conducta confusa, si **supones que hay una razón y la buscas**, pulirás una habilidad que los hará mucho más felices a los dos.

2. Recuerda que los sentimientos también son razones.

Es más, repite después de nosotros: «Los sentimientos también son razones. Los sentimientos también son razones. Los sentimientos...». Los muchachos debemos estar dispuestos a dejar de lado nuestras viejas ideas sobre la realidad. Las chicas ya saben lo que la mayoría de los chicos aprenden con el tiempo: Lo que sientes también es real. Es que es real de otro modo. Esta ley de la naturaleza humana nos ayuda a abandonar la noción de que la conducta femenina es aleatoria cuando no estamos de acuerdo con su percepción de lo que sucedió o no experimentamos sus sentimientos.

3. Presta atención. Si algo parece andar mal, pregunta.

Aunque «ausente» y «en piloto automático» describen la manera en que muchos chicos se relacionan, esto no resulta. Así que al menos que quieras despertarte en un foso relacional, comienza a prestar atención. Piénsalo. No descartas todo tu auto solo porque no comprendas todos los sistemas que hacen que funcione. En cambio, recuerdas que es más que una carretilla.

Entonces, ¿qué haces en el caso de una chica? Bueno, busca señales de que algo anda mal. ¿Parece distraída o menos interesada en estar contigo? ¿Está alterada? ¿No te devuelve las sonrisas? Huy... quizá sea hora de... preguntar. Puede parecer intimidante, pero te quedarás tranquilo con lo que descubrimos en la encuesta:

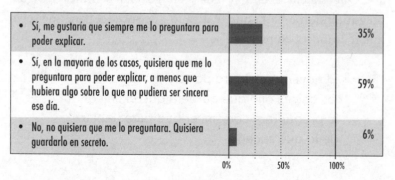

ENCUESTA Imagina que un amigo o novio nota que ayer estuviste alegre con él, pero que hoy estás cortante. ¿Quisieras que se te acercara y te dijera algo como lo siguiente: «Sé que no soy siempre muy brillante que digamos, pero parece que algo anda mal. Quisiera que me ayudaras a comprender lo que sucede»? (Elige una opción).

• Sí, me gustaría que siempre me lo preguntara para poder explicar.	35%
• Sí, en la mayoría de los casos, quisiera que me lo preguntara para poder explicar, a menos que hubiera algo sobre lo que no pudiera ser sincera ese día.	59%
• No, no quisiera que me lo preguntara. Quisiera guardarlo en secreto.	6%

0%   50%   100%

Las chicas dicen que una simple pregunta les transmite que te interesas y quieres ayudar si puedes. Es más, el noventa y cuatro por ciento de las chicas dijo que quisiera que el chico le preguntara con sinceridad para hablar de lo que sucede. Las muchachas recomendaron preguntas neutrales, no acusatorias e incluso graciosas, como las siguientes:

▶ «No es que sea tan inteligente, pero parece que estás disgustada. ¿Me ayudarías a entender qué sucede?».
▶ «¿Quisieras hablar de algo?»
▶ «Si quieres hablar al respecto, estoy aquí».

Habiendo dicho todo esto, hay dos secretos avanzados para tener en cuenta a esta altura, para dos etapas distintas en una relación.

Si son solo amigos, deja en claro que estás disponible, pero no la presiones demasiado. De esa manera, si no quiere hablar porque se sentiría avergonzada o porque heriría tus sentimientos (cuatro de cada cinco chicas dijeron que este es el caso a veces), no tiene por qué hacerlo.

No obstante, si son una pareja oficial, recuerda que si algo anda mal en el paraíso, a menudo es importante presionar un poco para saber qué sucede. Una chica habló en representación de muchas al escribir este consejo: «Acepta que una chica a menudo dirá lo opuesto de lo que quiere. Cuando respondemos a "¿Qué sucede?" con "Nada", en general significa: "Sigue preguntándome hasta que te diga lo que sucede, para que sepa que te importa en realidad"».

El noventa y cuatro por ciento de las chicas dijo que quisiera que el chico le preguntara con sinceridad para hablar de lo que sucede.

4. No la avergüences.

Sin importar la manera tan extraña en que actúe, no te burles de ella, sobre todo con respecto a su mal genio o su apariencia. Por alguna razón, los chicos pueden lograr grandes proezas de estupidez en este sentido. Escucha esta historia de terror que nos contó Jamie, estudiante del último año del instituto:

Hace poco, he podido conocer mejor a este chico en mi grupo de jóvenes, Ryan, y me gusta mucho. Sin embargo, estoy muy enojada con él ahora. Debido a un accidente automovilístico, tuvieron que hacerme muchos arreglos dentales, y en la última reunión de jóvenes, perdí una corona de uno de los incisivos de abajo. ¡Me dio mucha vergüenza! Por fortuna, encontré y guardé la corona en mi bolso e intenté mantener la boca cerrada durante el resto de la reunión.

No hablé por un rato y Ryan pensó que estaba enojada con él. Luego de unos minutos, me olvidé y comencé a hablar. Vio mi sonrisa de aspecto extraño y dijo de inmediato: «¡Oye, abre la boca!».

¡Ay, no! Enseguida, me aparté. Él se acercó, así que le susurré: «Perdí una corona».

«Vaya, se ve diferente. ¡Tom! ¡Ven a ver esto!».

Pensé que moriría. Después de todo, era el mismo chico que me contó sus propias inseguridades en la última fiesta en la piscina. Me dijo que le avergonzaba la forma de su pecho, así que siempre usaba una camiseta. También me dijo que temía perder el cabello por el patrón de calvicie que había en la familia. Lo consolé y lo alenté sobre esos aspectos y me había propuesto apoyarlo en cada una de esas esferas. ¿Cómo era posible que este chico con sus propias inseguridades fuera tan insensible con las mías?

Jamie nos pidió algo que escuchamos de más de una chica que entrevistamos: «Por favor, enséñenles a los chicos a ser sensibles con las chicas, sobre todo con relación a sus estados de ánimo y sus cuerpos. Si el chico es un tonto insensible, es difícil confiar en él y avanzar en cualquier clase de relación cercana».

No te burles de ella, sobre todo con respecto a su mal genio o su apariencia. Por alguna razón, los chicos pueden lograr grandes proezas de estupidez en este sentido.

5. Nunca le preguntes si está con su período. Y no te pongas a la defensiva si lo está.

Este consejito es tan sencillo que te verás tentado a olvidarlo. No lo hagas.

La única excepción es cuando hace mucho tiempo que conoces a la chica, son amigos íntimos o novios y *ella te ha dicho con antelación que puedes preguntarle*. Por ejemplo, una chica, Cassie, le dijo a su novio que si parecía estar extrañamente irrazonable, podía preguntarle si su malvada gemela del síndrome premenstrual se encontraba en la habitación: «Eh... ¿estoy hablando con Cassie o con Helga?».

En general, casi todas las chicas con las que hablamos dijeron que valoran a los chicos que evitan irritarse o ponerse a la defensiva cuando ella está «bajo influencia» y solo aceptan la realidad. Así lo explicó una chica:

Durante esa época del mes, mi novio no comprende que a veces no tengo ganas de salir. Me siento gorda y pálida, y me preocupa que se note. Lo único que quiero es recogerme el cabello, ponerme unos pantalones viejos y comer helado con mis amigas. Lo último que quiero hacer es acurrucarme con un chico. Él se ofende muchísimo porque no se puede identificar. Con todo, así son las cosas.

Cassie le dijo a su novio que si parecía estar extrañamente irrazonable, podía preguntarle si su malvada gemela del síndrome premenstrual se encontraba en la habitación: «Eh... ¿estoy hablando con Cassie o con Helga?».

6. Si falla lo demás, despídete con educación y vuelve a intentarlo más tarde.

Cuando mi hija Sarah (de Eric) tenía diez años, uno de sus mejores amigos, John, vivía en la casa contigua. Un día, cuando él estaba de visita, Sarah sonrió, batió las pestañas y le hizo una pregunta sin salida. «John, ¿quién crees que es más hermosa: tu hermana, tu mamá o... yo?».

John, sentado con los ojos bien abiertos por un momento, dijo: «Eh... vuelvo más tarde», se levantó y se fue. La sabiduría que demostró se hizo legendaria en nuestra familia y ahora «hacer como John» significa escaparse con educación de una situación sin salida.

¿Probaste con sinceridad los pasos anteriores y las cosas se han puesto cada vez más imposibles? Quizá ella esté descargando el mayor impacto de su desdicha sobre la persona que considera más segura de su vida: tú. Sin embargo, permanecer cerca no los ayuda ni a ella ni a ti. En algunos casos, no hay una manera adecuada de decir algo ni de responder una pregunta.

Quizá sea hora de que hagas como John. No obstante, para que no empeores las cosas (y actives esa inseguridad de la que hablamos), recuerda retirarte con educación *y* prometer que volverás a ver cómo está más adelante.

Quizá en un par de días.

Para que no empeores las cosas (y actives esa inseguridad de la que hablamos), recuerda retirarte con educación y prometer que volverás a ver cómo está más adelante.

Camina con seguridad

Ahí lo tienes. Esperamos que te sientas un poco más tranquilo de que las chicas no son tan absurdas como pensabas al principio... y de que un chico que presta atención y se preocupa puede descodificar su conducta que antes le resultaba tan confusa.

Volvemos a nuestra analogía de guerra: todo buen soldado sabe que una mina terrestre es temible solo si no sabes dónde está enterrada. Sin embargo, ahora que tienes algunos recursos para descodificar a la chica (fíjate que no extendimos la analogía de guerra para decir que las chicas son «el enemigo», ya que pensamos que, en realidad, son bastante geniales), puedes caminar con seguridad a través de los puntos desconocidos y confusos de tus relaciones, con la convicción de que no es necesario volar en pedazos.

Aunque... eh... es una buena idea caminar con cuidado a veces.

5

SE ROMPE LA RELACIÓN, SE ROMPE EL CORAZÓN

Por qué las chicas van con tanta rapidez de «te amo» a «iesfúmate!»... y cómo evitar que te destrocen

Cerca del final de mi último año universitario, conocí (Eric) a Ashley, una chica bonita de Memphis, Tennessee, quien era tímida, pero daba a entender que le gustaba. Salíamos en grupo, íbamos al cine, comíamos en varios sitios y sonreía mucho con mi tonto sentido del humor. De alguna manera, se me metió en la cabeza que *en verdad* le gustaba y que estaba a punto de surgir un hermoso romance. Llegó el verano, volví a mi pueblito de Tejas y ella regresó a Memphis. A medida que avanzaba el verano solitario, escribí y llamé tanto como pude.

Una conversación telefónica típica era así:

Eric: ¿Cómo va todo en Memphis? ¿Hace calor?

Ashley: Sí. También está pesado.

Eric: Aquí también. Eh. Ajá. ¿Cómo va tu trabajo en *Applebee*?

Ashley: Bien. Anoche gané veinte dólares en propinas. (Pausa larga).

Eric: Oye, estuve pensando... eh... en ir a Memphis a visitarte. (El sudor me corría por la frente).
Ashley: (Pausa más larga). ¿En serio? (Otra pausa). Podría ser lindo.
Nota: Si una chica parece un poco aburrida, quizá haya un problema.
¿Yo? Estaba encantado. Así que, empaqué mis melodías favoritas y me embarqué en un viaje de trece horas, en medio del verano, en un auto negro sin aire acondicionado. (Qué no haría un chico por una chica bonita si le dice: «Podría ser lindo»). Ocupé mis sofocantes horas imaginando que ella corría a mí cuando bajaba del auto y me arrojaba los brazos alrededor del cuello.

Sin embargo, cuando llegué, Ashley solo me saludó y se quedó parada como un poste. Sus padres me saludaron con educación, pero me imaginé que Ashley estaba esperando que se fueran para poder mostrarme sus verdaderos sentimientos.

Se fueron, y ella me los mostró, pero no eran los que esperaba. En esencia, lo que dijo fue: «Eric, eres un buen chico, pero no quiero salir contigo».

Tenía ganas de arrastrarme hasta un hoyo y morirme. Luego de una noche de insomnio en la habitación de huéspedes de la familia, volví a mi sofocante auto negro y regresé a Tejas. Estaba herido y furioso. A medida que pasaban los interminables kilómetros y las horas sudorosas, pensaba: *¿Por qué me dio falsas esperanzas? ¿Cómo pudo ser tan despiadada?*

En este capítulo, abordamos ese juego amoroso a veces deprimente que jugaban todas las niñas. Ya sabes. Tomas una margarita y la destruyes, arrancándole los pétalos uno a uno: «Me quiere. No me quiere. Me quiere. No...». Ahora que ya creció y es tu novia, parece que te destruye a *ti* pedacito a pedacito. Te deja con la cabeza dando vueltas, o conduciendo de regreso a Tejas, con mensajes confusos. ¿Alguna vez la escuchaste decir frases contradictorias como las siguientes, quizá con solo unos días o semanas de separación?

- «Me gustas mucho».
- «Ah... ya tengo planes».

- «Es lindísimo» (sobre ti a sus amigas).
- «Seamos solo amigos» (sobre ti a ti).

- «Estoy bien. En serio». (No te mira a los ojos).
- «¡¿No podías *decir* que algo andaba mal?!». (Te mira furiosa).

Es probable que no tuvieras que viajar a Memphis para que una chica linda te rechazara. (Ahorra combustible fósil. Que te destrocen el corazón más cerca de tu casa). Con todo, si alguna vez te sucedió, o si tienes novia ahora, podemos oler tu temor. No tienes idea de lo que piensa y siente en realidad con respecto a ti, así que vives con temor al día en que te falte otro pedazo de corazón.

Muchos chicos terminan creyendo que las muchachas son malas, manipuladoras y no tienen corazón. ¿Es verdad? Quisimos averiguarlo. Así que pasamos mucho tiempo preguntándoles a las chicas mismas. Lo que nos dijeron fue tan confuso al principio que quisimos volver a jugar con los videojuegos. O quizá a empujarnos brotes de bambú debajo de las uñas. Sin embargo, resistimos. Tú también deberías hacerlo. Porque lo que descubrirás cambiará tu manera de ver a las chicas (bueno, a la mayoría). Con estas revelaciones, te transformarás en un genio para leer los pétalos de margarita, y creemos que tendrás más éxito en mantener tu corazón entero.

Lee este capítulo. No lo leas. Lee este... Ah, vamos. Ya sabes que no puedes resistirlo.

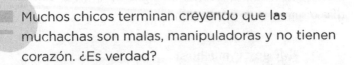

Muchos chicos terminan creyendo que las muchachas son malas, manipuladoras y no tienen corazón. ¿Es verdad?

Conoce a la Reina de la Maldad

Antes de darte por vencido y unirte a un monasterio, tenemos una buena noticia que debes escuchar... pero que quizá no creas. La mayoría de las chicas no intentan ser malvadas ni intolerables.

¡En serio! Nos dijeron que sí les importa el dolor de los muchachos y que quisieran que fuera posible no lastimarlos. «Ninguna chica quiere ser una degolladora», dijo una muchacha. «No queremos herir al chico». Es más, la mayoría insistió en que detestaban tanto causarle dolor que, si pudieran, soportarían una parte.

¿No nos crees? Aquí tienes la primera pregunta que les hicimos a las chicas sobre este asunto:

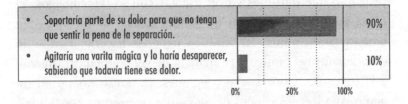

ENCUESTA Imagina que terminas con un chico agradable con el que has estado saliendo durante algún tiempo. Si tuvieras que escoger, ¿qué harías? (Elige una opción).

• Soportaría parte de su dolor para que no tenga que sentir la pena de la separación.	90%
• Agitaría una varita mágica y lo haría desaparecer, sabiendo que todavía tiene ese dolor.	10%

0%   50%   100%

Como puedes ver, nueve de cada diez chicas, si tuvieran la opción, preferirían salir más heridas si eso les permitiera lastimarte menos. Como dijera una de ellas: «¡Por supuesto que compartiría el dolor si pudiera! No soy despiadada. Solo quiero seguir adelante». Así que a menos que nueve de cada diez chicas mientan, la Reina de la Maldad es un mito.

Sin embargo, no eres ningún tonto.

«Entonces, Jeff y Eric», dices, abrazando tu chaleco antibalas, «si las chicas son rebuenas, ¿por qué recibimos golpes sorpresa de nuestras agradables novias a cada momento?».

Tu pregunta nos lleva a la gran idea de este capítulo. Además, creemos que es una buena noticia para todos los chicos heridos en acción. Aquí la tienes, en pocas palabras.

Según nuestros hallazgos, proponemos que, en general, las chicas no son rompecorazones despiadadas. En realidad, la mayoría hace todo lo posible por lograr que haya la menor cantidad de dolor posible en la relación. Es lamentable, pero como las chicas y los chicos se involucran de distintas maneras en la relación, el sufrimiento es inevitable. El problema es que tú crees que los dos tienen el mismo esquema de juego. Sin embargo, no es así. La manera de pensar, sentir y comunicarse de los chicos y las chicas en las relaciones es tan diferente que podríamos ser distintas especies.

¿Crees que bromeamos? Bueno, aquí tienes algo para masticar...

> La mayoría de las chicas hace todo lo posible para lograr que haya la menor cantidad de dolor posible en la relación.

Te ama, te deja (¿qué hay de nuevo, hombre?)

Tú, mi querido amigo, eres como un perro. Cuando tienes hambre, encuentras algo, cualquier cosa, para masticar. Cuando te pica algo, te rascas. Cuando Johnny arroja una apestosa pelota de tenis, la buscas. Sale el sol, tomas una siesta. Pasa el gato tonto del vecino y lo persigues hasta cansarte.

Así son los chicos. Para nosotros, la vida es sencilla. La vida es buena. En el amor, también creemos que es sencillo. ¿Queremos a la Chica Linda? Perseguimos a la Chica Linda. Atrapamos a la Chica Linda. Hacemos trucos para la Chica Linda. Intentamos besar a la Chica Linda.

¿Comprendes lo que queremos decir? El amor es sencillo. El amor es bueno.

Sin embargo, las chicas no son como nosotros. De ningún modo. Lo que quieren de un novio, y su forma de obtenerlo, difieren por completo de la manera masculina de abordar la misma necesidad. Es más, desde el momento en que una chica te sonríe por primera vez hasta que te tira al cubo de la basura, realiza un complicado viaje. No comprendes por qué hace lo que hace ni qué otro paso quiere dar en la relación. ¿Por qué? Por eso de los perros. Ya obtuviste a la chica, el sol se puso y ahora debes ir a atrapar un *Frisbee*.

¿Viaje? ¿Qué viaje?

Solo exageramos un poquito. Unimos lo que nos dijeron las chicas de la encuesta y trazamos un viaje interior de cinco etapas que las chicas realizan en la relación de noviazgo. Si observas con atención estas cinco etapas, verás algo aterrador. Observarás que tú y ella solo tienen la misma relación en dos etapas: En la primera y en la quinta.

A propósito, la quinta etapa es donde te desechan como si fueras un mal hábito.

Primera etapa: Te trata con afecto y dulzura; estás feliz.

Sabes cómo es. Al menos, esperamos que sea así. Luego de coquetear un poco, los dos se dan cuenta de que hay algo especial entre ustedes. O podría haberlo. Deciden pasar más tiempo juntos.

Pronto, deciden formar una pareja; no se permite ninguna otra relación «especial». Ella está feliz y tú estás feliz. Están los dos en la misma zona, presienten lo mismo y hablan el mismo idioma. ¿Cómo puede ser que la vida sea tan buena? Entonces, tu pareja feliz llega a la segunda etapa. Bueno, tú no llegas, pero ella sí.

Segunda etapa: Es agradable, pero se vuelve más fría; estás feliz.

Al menos la mitad de los varones del mundo nunca notan la segunda etapa. Siguen felices y creen que todavía están en la primera etapa y, como dijimos, *atraparon* a la chica. ¿Qué podría pasar? (¿Alguien tiene una galleta para perros?)

Sin embargo, una relación requiere mantenimiento constante, y algo que haces, o no haces, no resulta para ella. Quizá sea tanto rascarte o perseguir esa sucia pelota. Tal vez ella no sepa bien por qué no está contenta, pero algo le molesta.

Entonces, se retrae un poco. Se enfría un poco. No parece tan emocionada cuando la llamas. ¿Qué sucede en su interior? Le gustas, pero quisiera que cambiara algo, o quizá, que disminuyera el paso. La mayoría de las veces, no es mala. Solo intenta cambiar las cosas en la relación para mejor. Procura enviarte una señal de que se requiere acción de tu parte*.

¿Y si nada cambia?

> La mayoría de las veces, no es mala. Solo intenta cambiar las cosas en la relación para mejor. Procura enviarte una señal de que se requiere acción de tu parte.

---

*Las ráfagas de aire helado también pueden aparecer cuando un chico y una chica son solo amigos. A veces, la chica comenzará a tratar con frialdad al muchacho si percibe que está más interesado en ella que ella en él. No es que sea mala. En realidad, intenta ahorrarle el dolor de hacerse ilusiones y luego caer en picada.

Tercera etapa: No está feliz; es probable que todavía tú estés feliz.

Ahora, no está contenta. En verdad quiere que cambie la relación. O quiere terminar. Así que envía señales de peligro casi sin cesar. Quiere que sepas que se viene la nueva era del hielo. Entonces, si eres como la mayoría de los chicos, es probable que todavía no tengas ni idea.

¿Por qué? Porque envía las señales *en forma indirecta*. ¿No sabes a qué nos referimos con «indirecta»? Las chicas nos dieron algunos ejemplos:

▸ Se enoja o irrita con más facilidad.
▸ Dice muchísimo: «No estás escuchando».
▸ Está menos disponible.
▸ Pone excusas para irse temprano a su casa.

Te imaginas que solo es más complicada de lo que esperabas. O más temperamental. Sin embargo, lo más probable es que esté intentando decirte algo importante.

A las chicas les cuesta ser directas con respecto a sus sentimientos. En gran parte, esto se debe a que son sensibles y no quieren herirte. Esto es verdad en especial si ya no le gusta tanto estar contigo como antes o si quiere terminar. Así que se mostrará insegura e indecisa, y no será directa. Mientras tanto, tú corres por el patio y te persigues la cola muy contento.

Una chica nos dijo: «Meses antes de romper en verdad contigo, te empiezo a olvidar. Solo que no captas mis señales».

Si las señales indirectas no resultan, las chicas pasan a la cuarta etapa.

> «Meses antes de romper en verdad contigo, te empiezo a olvidar. Solo que no captas mis señales».

Cuarta etapa: No es agradable; ahora no estás feliz.

Para este momento, ella se da cuenta de que es probable que la relación no vaya a resultar. ¿Por qué lo haría? Para ella, pareces desorientado y no cree que estés dispuesto a cambiar. Creerías que en este momento te *diría* lo que sucede y lo que quiere. Pero no. Las chicas nos dijeron que a continuación comienzan a ponerse difíciles, quizá hasta imposibles. Te trata mal. ¿Acaso será porque al fin se transformó en la Reina de la Maldad? Nuestras fuentes insistieron en que no. Solo intenta irritarte mucho para que seas *tú* el que termine con *ella*, o al menos, no estés tan triste una vez que lo haga ella.

¿Captaste esa corriente lógica, perrito? Te trata como algo apestoso sin razón aparente = Intenta que te des cuenta de un problema = Es una buena persona que se preocupa por tu futuro. (¿Adónde pusimos esos brotes de bambú?).

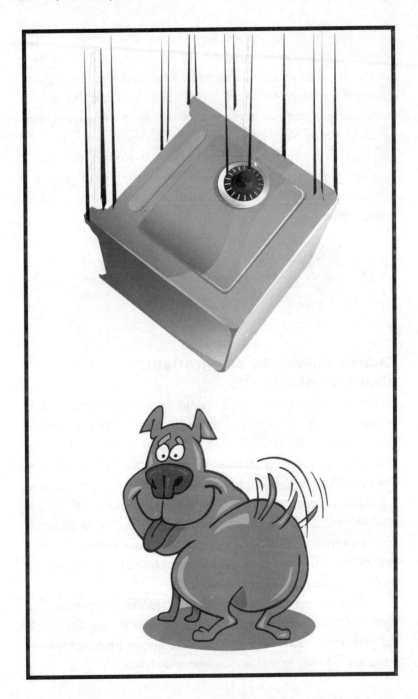

Intenta irritarte mucho para que seas tú el que termine con ella.

Una chica universitaria nos dijo: «En lo personal, intento ser molesta para que él no se ponga tan triste... para que cuando terminemos, *él* crea que es para bien. Una chica se comportará con frialdad con un muchacho para no gustarle tanto. Y para que la ruptura sea más fácil para todos. Aun así, es probable que los muchachos lo perciban como maldad».

No, en serio. ¿Les parece?

Quinta etapa: Te deja; no puedes creerlo... y no estás para nada feliz.

Piensa en las pocas veces pasadas en que te golpeó el presentimiento de una muchacha. ¿Acaso, por casualidad, viste un patrón que condujera hacia ese momento? Es probable que no, ya que los chicos no sabemos captar las señales sutiles que usan las chicas. Es lamentable, pero para muchos de nosotros, solo comenzamos a leer estas señales cuando la chica ya llegó al punto sin retorno en su mente.

Imagina una relación entre un chico y una chica como una fiesta para dos en la cubierta de un hermoso crucero (digamos, el *Titanic*). El chico solo disfruta la fiesta. ¿Y la chica? Ha visto icebergs a ambos lados del barco durante días... ¡y ha intentado que tú también te des cuenta!

De repente, hay un gran impacto, y tu barco del amor comienza a hundirse. Sin embargo, la única persona sorprendida en la cubierta... eres tú.

¿Comprendes lo que decimos? Las chicas dicen que les envían a cada momento señales a los muchachos cuando algo anda mal. Aun así, la mayoría las pasa por alto. Y un día... ¡*pumba!*

He aquí lo que nos dijo una chica:

Cuando termino con un chico, puede parecer repentino o cruel. Sin embargo, casi siempre lo he pensado durante meses. He esperado que cambie en distintos aspectos, y si no lo hace, me vuelvo cada vez más distante. Una vez que una chica se distancia, *entonces* puede terminar. En el momento que puede hacerlo, ya ha derramado todas sus lágrimas y acabado la relación.

Ahora ves cómo un chico puede pasar de «Es afectuosa y agradable» a «¡Me dejó; es demasiado fría!» sin saber cómo sucedió. Con todo, no tiene por qué ser así. De esto queremos hablar a continuación.

Para muchos de nosotros, solo comenzamos a leer estas señales cuando la chica ya llegó al punto sin retorno en su mente.

Haz virar el *Titanic* antes de que choque con el iceberg

Ashley *ya* me había dado una decena de pistas que debería haber notado (Eric), pero yo era demasiado cabeza dura y prepotente como para reconocerlas. Avanzaba a toda máquina por aguas cada vez más heladas, ajeno a la posibilidad de un iceberg por delante. Detesto admitirlo, pero fue mi culpa que mi corazón se rompiera en pedazos.

Lo que descubrimos en nuestras encuestas es que si un chico presta atención a lo que dice en realidad la muchacha, con sus acciones aparte de sus palabras, y responde como es debido, la historia puede tener un final mucho más feliz para todos. Observa con atención lo que dijeron las chicas sobre esto en nuestra encuesta nacional:

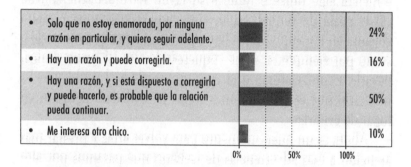

ENCUESTA Imagina que has estado saliendo con un chico durante bastante tiempo. Lo has visto en toda clase de situaciones, disfrutan de la compañía mutua y han descubierto que son muy compatibles. Imagina que tiempo después, comienzas a pensar en terminar la relación. De las siguientes razones por las que puedes considerar hacerlo, ¿cuál crees que sería la más probable? (Elige una opción).

- Solo que no estoy enamorada, por ninguna razón en particular, y quiero seguir adelante. **24%**
- Hay una razón y puede corregirla. **16%**
- Hay una razón, y si está dispuesto a corregirla y puede hacerlo, es probable que la relación pueda continuar. **50%**
- Me interesa otro chico. **10%**

0%   50%   100%

Fíjate que dos de cada tres chicas dijeron que sucede algo específico que hace que quieran terminar la relación. Para el chico, puede parecer que la separación surge de la nada. Sin embargo, para ella hay una razón específica. Solo una de cada cuatro chicas dijo que se desenamora sin razón.

Ahora bien, observa que la mitad de todas las chicas dijo que incluso después de comenzar a pensar en terminar, la situación no está perdida por completo. Estas chicas dijeron que si el muchacho estuviera dispuesto a corregir el problema, y lo hiciera, es probable que la relación pudiera continuar. Creemos que la cantidad sería mucho mayor en situaciones donde la chica no hubiera llegado ya hasta el punto de considerar la separación: durante la fase en la que quiere y espera que él vea lo infeliz que es y corrija lo que la hiere y la desilusiona.

La mitad de todas las chicas dijo que incluso
después de comenzar a pensar en terminar, la
situación no está perdida por completo.

Durante una entrevista con una chica, preguntamos qué
sucedería si un chico captara las señales de que algo anda mal
(por ejemplo, de que ella está más estresada que de costumbre)
e hiciera algo dulce o lindo a su favor. La muchacha sonrió.
«Si le gusta de verdad», dijo, «reaccionará enseguida y estará
encantada. Por supuesto, si hay algún problema que no arregla,
como por ejemplo, si sigue coqueteando con su mejor amiga,
llevarla a comer afuera o al cine no arreglará el problema. Es
necesario que esté dispuesto a tratar la verdadera cuestión en
lugar de evitarla».

Ahora es un buen momento para volver atrás y prestar más
atención a esas advertencias de icebergs que pasamos por alto
la primera vez.

La guía de un chico para leer las señales

En nombre de todos los chicos confundidos, les preguntamos
a las muchachas qué podían hacer los chicos para darse cuenta
de que algo anda mal en la relación. ¿Cómo puede saber que su
chica se desconecta de manera emocional y que está a punto de
irse a las profundidades del helado Atlántico?

Las chicas nos dijeron algunas de sus «No estoy conforme
contigo» o «Estoy pensando en abandonar esta relación». La
siguiente lista comienza con las señales que las chicas dicen que
envían cuando las cosas todavía pueden arreglarse. Cuanto más
avanzas en la lista, es más probable que la señal quiera decir

que la relación está sentenciada. Les pedimos que completaran la siguiente frase: «Si me desconecto de la relación, casi siempre...»

▶ actúo con menos alegría (¡iceberg a la vista!).

▶ demuestro menos afecto.

▶ dejo de hacer preguntas sobre su vida (Los marineros corren a advertir al puente).

▶ comienzo a recordar el pasado en lugar de disfrutar el presente.

▶ parezco triste o distraída (Chocaste contra el iceberg y está entrando agua al barco).

▶ me irrito o enojo con más facilidad (Tu operador de radio comienza a enviar una llamada de socorro).

▶ digo mucho: «No me escuchas» (Los tabiques se desploman estrepitosamente).

▶ me vuelvo menos disponible (La proa comienza a hundirse).

▶ pongo excusas para irme temprano a casa.

▶ no me emociono tanto cuando llama... y dejo de llamarlo.

▶ comienzo a reñir por tonterías («¡Todos a los botes salvavidas!»).

▶ corto las conversaciones (¡No hay espacio suficiente en los botes salvavidas!).

▶ comienzo a criticar (Toma un chaleco salvavidas).

▶ comienzo a controlar (Salta al agua helada).

▶ digo cosas irrespetuosas.

▶ paso por alto sus deseos y no lo dejo tomar la iniciativa (No puedes sentir las piernas).

▶ lo humillo delante de los demás (Miras con curiosidad cómo el hielo flota sobre ti).

Dedica algún tiempo a examinar esta lista para no perderte en el futuro. Recuerda, cuanto más cerca estés del principio de la lista, más probable será que haga falta hablar o cambiar algo *y que todavía haya tiempo para salvar tu barco.* ¿Reconoces alguna de estas conductas de cierta relación de noviazgo pasada o presente? Si es así, ¿cuál fue (o debería ser) tu respuesta? Los chicos que saben leer las señales no tienen por qué estar desorientados, ni tendrán que experimentar esta sensación: «No puedo creer que acaban de dejarme».

Los chicos que saben leer las señales no tienen por qué estar desorientados, ni tendrán que experimentar esta sensación: «No puedo creer que acaban de dejarme».

Basta de desorientación

Supongamos que la sensación de que una novia te deje *no* está en tu lista de cosas preferidas en la vida. ¿Qué podrías sacar de este capítulo que pueda ayudarte a evitar esa experiencia especial?

1. Presta atención.

Te hemos dado una lista de señales. Sin embargo, prestar atención comienza con una voluntad de interesarse, de creer que puede haber problemas en el paraíso y de escuchar. Una chica nos dijo: «Gran parte del problema surge porque los chicos no escuchan ni oyen lo que intentamos decir. He hablado con muchas de mis amigas sobre esto, y todas dicen lo mismo».

Si no te das cuenta de cuál puede ser el problema, solo pregunta. Puede ser algo como: «Oye, Emily, me parece que algo no anda bien entre nosotros. ¿Hay algo que estoy haciendo, o que quizá no esté haciendo, que te moleste?».

No esperes que su estado de ánimo cambie de repente. A menudo, cuando ves señales de problemas, solo tienes poco tiempo para revertir las cosas. Lo que ella ve puede ser un iceberg justo delante.

2. Reacciona con calma.

Los chicos tienen fama de ofenderse y reaccionar en forma exagerada ante la menor crítica o sugerencia de sus novias. Esta conducta es tonta e inmadura, generó quejas de la mayoría de las chicas y es una de las principales razones por las que las chicas vuelven a señales sutiles y fáciles de pasar por alto porque aprendieron que hacemos un drama ante señales mayores. Nueve de cada diez confirmaron que por eso no son tan directas como quieren los chicos.

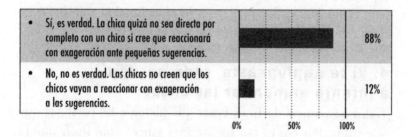

ENCUESTA ¿Crees que esta afirmación es verdadera o falsa? «A veces, cuando una chica quiere que un muchacho cambie algo, solo sugiere pequeños ajustes de su parte, pero no es directa con él porque piensa que puede reaccionar de forma exagerada». (Elige una opción).

- Sí, es verdad. La chica quizá no sea directa por completo con un chico si cree que reaccionará con exageración ante pequeñas sugerencias. **88%**
- No, no es verdad. Las chicas no creen que los chicos vayan a reaccionar con exageración a las sugerencias. **12%**

0%   50%   100%

Las muchachas quieren saber que pueden ser sinceras con su chico, en especial si lo que buscan es un cambio secundario. En el capítulo 4, contamos la historia de Jessie y Rob en el sofá. Jessie rechazó el abrazo de Rob porque divisó a su mamá por la ventana haciendo jardinería. Lo que no mencionamos es que Rob se fue al otro lado del sofá y permaneció allí durante una hora. A Jessie le molestó mucho. Solo quería un pequeño ajuste («No me abraces cuando nos vean mis padres; me hace sentir incómoda»). Sin embargo, obtuvo un cambio enorme, ya que Rob agregó un metro de distancia entre los dos. Jessie nos dijo: «Me hace sentir como si nunca pudiera decir lo que me molesta, para que no se vuelva loco».

Las chicas deben ser valientes para ser sinceras. Así que respeta su coraje, escucha y guarda el dramatismo para la próxima obra de la escuela.

Las chicas vuelven a señales sutiles y fáciles de pasar por alto porque aprendieron que hacemos un drama ante señales mayores.

3. Si hay un problema, resuélvelo si puedes.

Una vez que comprendas lo que le molesta a tu novia, actúa si puedes. Si no está segura de que te preocupas por ella, tranquilízala. Si dice que no escuchas, puedes aprender. (Lee el capítulo 6 para encontrar ideas). A veces, lo único que hace falta para evitar que se desconecte en lo emocional es solo dejar en claro que *quieres* comprender y tratar el problema*.

4. Si te equivocaste, pide perdón e intenta enmendar las cosas.

Todos hacemos y decimos cosas que hieren a las personas que queremos. Por eso es tan importante saber cómo decir que lo sientes con sinceridad y cómo demostrar tu interés.

---

*Por supuesto, si es dependiente en exceso o crítica en forma crónica, no lo puedes solucionar. No obstante, si hasta ahora parecía ser una persona más o menos normal, vale la pena hacer el esfuerzo.

Y si *en verdad* te equivocaste, no esperes que tu primera disculpa haga que todo esté perfecto de nuevo. Es necesario tener agallas para buscar a la chica hasta que pueda escuchar tu disculpa. Aun así, la perseverancia es importante. Reconoce tu parte del problema. Y pide perdón de verdad, no con falsedades («Si a ti te parece que puedo haber hecho algo mal...»). Una vez que estés seguro de que en realidad te escuchó *y* has dejado en claro que quieres que las cosas avancen, depende de ella.

5. Debes estar dispuesto a seguir adelante.

Si intentaste solucionar lo que puedes en la relación y te das cuenta de que se terminó, haz lo que todo varón ha tenido que hacer en algún momento de su vida (es probable que hasta tu papá, hace unos cien años): sigue adelante. Quizá tus padres te digan lo mismo y vale la pena escuchar. Es uno de esos aspectos en los que ayuda tener la perspectiva de unos cuantos años extras.

De todas maneras, hiciste lo mejor que pudiste, y lo harás mejor la próxima vez. Lo que tal vez parezca una tragedia absoluta ahora (porque duele *muchísimo*), será para mejor a la larga. ¡Confía en nosotros!

A muchos chicos les desconcierta que las muchachas terminen con ellos y digan cosas como: «Aun así, todavía me importas». A menudo, esto nos da esperanza, y seguimos buscando a la chica... solo para que nos vuelva a romper el corazón. ¿Te identificas? ¿Por qué rayos terminaría conmigo y luego diría: «Aun así, todavía me importas»? Somos como el muchacho de *Dos tontos muy tontos*, cuando la chica de sus sueños le dice que solo hay una posibilidad en un millón de que estén juntos, exclama: «¡Entonces me dices que tengo una posibilidad!».

Lo cual nos trae a nuestro último consejo basado en la encuesta para este capítulo: no supongas que su «preocupación» por ti equivalga a sentimientos románticos. Solo que su sensibilidad vuelve a producirte muchos problemas. Las chicas nos aseguraron que esa afirmación significa justo lo que dice y nada más. En nuestra encuesta, les hicimos a las chicas la siguiente pregunta:

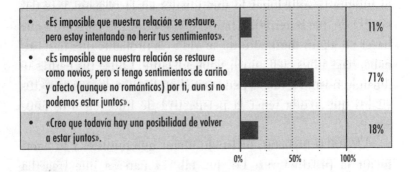

ENCUESTA **Si fueras a terminar con un novio y le dijeras: «Aun así, todavía me importas», ¿cuál es el significado más probable? (Elige una opción).**

• «Es imposible que nuestra relación se restaure, pero estoy intentando no herir tus sentimientos».	11%
• «Es imposible que nuestra relación se restaure como novios, pero sí tengo sentimientos de cariño y afecto (aunque no románticos) por ti, aun si no podemos estar juntos».	71%
• «Creo que todavía hay una posibilidad de volver a estar juntos».	18%

0%   50%   100%

Somos como el muchacho de *Dos tontos muy tontos*, cuando la chica de sus sueños le dice que solo hay una posibilidad en un millón de que estén juntos, exclama: «¡Entonces me dices que tengo una posibilidad!».

El verdadero amor es cuando...

En este capítulo y en el anterior, hemos visto cómo las chicas comunican cuándo necesitan más atención y cuidado de tu parte.

Ahora bien, algunas personas cínicas creen que los chicos adolescentes solo tienen una cosa en mente y que no les importa lo que las chicas necesitan de su parte. Sin embargo, creemos que *sí* te importa. Es cierto, la mayoría de nosotros tiende a concentrarse en las cosas a corto plazo. Y, en general, a todos nos paraliza el pensamiento de que le hemos fallado a alguien que nos importa. No obstante, también creemos que Dios ha creado en cada muchacho el deseo de proteger y alentar a las chicas.

Como verás, a pesar de lo que dijimos antes, no eres ningún perro en realidad. Ahora que sabes cómo se comportan las chicas cuando se sienten inseguras o infelices, no tienes por qué ser un esclavo desorientado del instinto. Puedes descubrir maneras de poner en acción los dones que te entregó Dios. Puedes ser la clase de chico que intenta superar a su chica en generosidad, comprensión y respeto.

En general, la gente no le dice «esfúmate» a esa clase de muchacho.

BASTA DE LLAMADAS PERDIDAS

*Cómo hablar con una chica
y escucharla sin parecer un tonto*

Recuerdo (Jeff) una cita con una chica que comenzó como un día patrio: luces, color, acción. Estaba montando un espectáculo brillante. De repente, fracasó, y me sentí muy tonto. La noche no debería haber terminado de esa manera, pero así fue. Si te lo cuento, ¿intentarás descubrir en qué me equivoqué? Aquí va.

Anna era una bonita rubia que se sentaba a mi lado en la clase de Historia Universal. Teníamos mucho en común. A Anna le gustaba la escuela; a mí también. Ella respiraba; yo también. Ella estudiaba *ballet*; yo jugaba al fútbol americano. A ella le gustaban los canales infantiles; a mí me gustaban los programas con gente que hacía cosas malas, en especial si había balas.

Bueno, quizá no teníamos *todo* en común.

En los días anteriores a la cita, estuve muy nervioso. ¿De qué hablaríamos? El hecho de que era bonita ayudaba, aunque... Supuse que lo único que podía hacer era prepararme con anticipación, así que ideé múltiples temas de conversación.

Luego, me paré delante del espejo de mi habitación y practiqué con nerviosismo lo que diría para cada tema. Me ayudó. Sin embargo, ¿recuerdas ese viejo truco de la clase de oratoria, donde dicen que te ayuda a relajarte si imaginas a tu audiencia en ropa interior? No me ayudó en el caso de Anna. En lo absoluto.

Seguí practicando. A pesar de eso, cuanto más se acercaba la cita, más escuchaba una conversación separada en mi mente que decía: *Jeff, no lo arruines. ¡Qué comentario más tonto! Se va a dar cuenta de que estás aterrado. ¡Vaya, quisiera que se terminara!*

No obstante, como dije, nuestra cita comenzó a la perfección. Pasé de un tema ensayado a otro. Había fuegos artificiales por todas partes. ¡Me estaba yendo de maravilla! Entonces, sucedió...

Me quedé sin material. Iba conduciendo en el auto, la chica preciosa en quien había estado pensando durante meses iba sentada a mi lado y mi mente estaba hecha papilla. No tenía nada que decir. Todo mi *bla-bla-bla* se había acabado... y nos quedamos en un silencio incómodo.

Pasaron los minutos. Yo estaba desesperado, me rompía la cabeza pensando, pero no se me ocurría nada. Al final, espeté: «Bueno, no tengo nada que decir», y la miré.

Nunca olvidaré la expresión de Anna. Si lo pienso ahora, tal vez haya tenido esa expresión durante toda la noche. No lo sé porque en realidad no la había observado. Sin embargo, su mirada en ese momento... no era buena. Se me quedó mirando boquiabierta, como si tuviera dos cabezas.

Anoten una más a cuenta del Sr. Suavidad.

¿Qué podría haber hecho diferente? ¿Cómo podría haber evitado quedarme sin cosas que decir? A decir verdad, ¿cómo se comunica un chico con una chica *de cualquier manera* sin quedar como un completo idiota?

En este capítulo te daremos datos importantes para los muchachos... y aliento igual de valioso. Para empezar, las chicas insisten en que para acercárseles y hablarles no es necesario prepararse durante días frente a un espejo. Es más, lo único que hace falta es decirles que te interesa lo que *ellas* tienen que decir. Aquí tienes lo que nos dijeron las chicas.

Las chicas insisten en que para acercárseles y hablarles no es necesario prepararse durante días.

Habla con tus oídos; escucha con tu corazón

Anota lo siguiente: *El camino al corazón de una chica es a través de tus oídos.* Por eso decimos: «Habla con los oídos». Significa que debes escuchar primero. Entonces, luego de haber oído sus palabras, escucha con atención sus sentimientos.

¿Te diste cuenta de que esta afirmación no dice nada sobre cómo hablar? Lo hacemos a propósito. Por supuesto, la verdadera comunicación supone tanto hablar *como* escuchar. El problema es que la mayoría de los chicos nos enredamos intentando ser buenos conversadores, pero no pensamos demasiado en cómo escuchar bien. Así que en este capítulo te daremos algunos puntos prácticos sobre escuchar así como hablar.

Hablando de conversar, las chicas nos pasaron algunas buenas noticias. Son mucho más accesibles y es más fácil hablar con ellas, e impresionarlas, de lo que pensáramos jamás. *Quieren* que los chicos se arriesguen. Y escucha esto: Cuando tartamudeamos con nerviosismo y nos equivocamos por atolondrados, podemos parecer más atractivos, incluso (según las chicas) «tiernos».

Bueno, ¡*en realidad* no es lo que pensamos nosotros! Sin embargo, las chicas insisten en que es verdad. Es cierto que se sienten muy atraídas a los chicos seguros. Sin embargo, ¿recuerdas el capítulo del Chico del Montón? Tu seguridad se hace evidente al estar dispuesto a acercarte a una chica a pesar de estar nervioso. Mira la prueba de nuestra encuesta nacional:

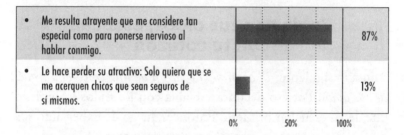

ENCUESTA Imagina que un chico se te acerca y quiere conversar contigo. Aparenta ser un buen chico, pero también parece tímido o inseguro en cómo abordarte. ¿Qué es más probable que estés pensando? (Elige una opción).

- Me resulta atrayente que me considere tan especial como para ponerse nervioso al hablar conmigo. — 87%

- Le hace perder su atractivo: Solo quiero que se me acerquen chicos que sean seguros de sí mismos. — 13%

0%   50%   100%

¿Viste eso? Casi nueve de cada diez chicas dijeron que, en lugar de resultarles poco atractivo, les gustaría ver que un chico se preocupa lo suficiente como para intentar comunicarse, aun si no sabe bien cómo hacerlo.

▸ «Creo que es encantador cuando un chico tartamudea un poco o parece estar nervioso cuando se me acerca. Me hace sentir que valgo la pena».

▸ «Cuando un chico atractivo de mi escuela tartamudeó y se puso incómodo al hablar conmigo, me encantó porque entonces me di cuenta de que no era un donjuán experimentado y poco sincero».

▸ «Creo que la mayoría de las chicas no son tan malas como creen los chicos. No me disuade para nada que un chico sea un poco tímido. Solo tiene que estar dispuesto a mantener una conversación».

¿En pocas palabras? Si dejamos de preocuparnos tanto por la conversación y comenzamos a practicar nuestras habilidades para escuchar, aun si nos falta seguridad, estaremos bien. Porque la Anna de tu vida no quiere ni espera un gran desempeño de tu parte. Solo espera conocerte de verdad. Ahora, veamos la parte práctica.

«Creo que es encantador cuando un chico tartamudea un poco o parece estar nervioso cuando se me acerca».

Una guía de referencia de cómo hablar y escuchar para varones con discapacidades auditivas

Solo porque las habilidades comunicativas no surjan con naturalidad en el caso de la mayoría de los muchachos, no significa que no puedas avanzar con rapidez con la ayuda de una guía de referencia decente. Aquí tienes la nuestra.

1. Relájate. No arrojes las palabras.

No te ofendas, pero casi todas las personas parecen más inteligentes si mantienen la boca cerrada. Este consejo incluso es bíblico: «Hasta un necio pasa por sabio si guarda silencio; se le considera prudente si cierra la boca» [Proverbios 17:28]. No decimos que deberías transformarte en un inexpresivo o, si ya eres el más tímido de la clase, que no deberías intentar hablar. Sin embargo, decir cualquier cosa que se te ocurre, en especial con respecto a ti mismo, no es conversar. Ni siquiera con un inexpresivo. Las chicas dijeron cosas como estas:

> «Si los chicos siempre hablan sobre sí mismos, no demuestran interés en tu vida».

> «Al principio, quizá te atraiga, pero si lo único que hace es hablar de él, piensas: "¡Oye, basta de hablar sobre ti!"».

Las muchachas aconsejaron que lo mejor que puede hacer un chico es olvidarse de las actuaciones preparados. En cambio, pueden relajarse e imaginar que están bromeando con un amigo. No con una novia, ni con una futura esposa, ni con el futuro del mundo. La verdad es que tu felicidad futura en la vida no depende de que digas lo más gracioso, ni lo más interesante, durante los primeros diez minutos con una chica bonita. Aunque un poco de preparación no está mal si te ayuda a sentirte más seguro, no es necesario que prepares todo lo que quieres decir. Es más, preparar todo con antelación puede agregar tensión y hacer difícil que te adaptes a los temas de conversación cambiantes.

«CHICA VEN ACÁ.
¡ESTOY HACIENDO ESTO POR TI!».

Como dice una chica: «Transfórmate en el mejor amigo de una chica primero. Es mucho más probable que tengan una buena relación». Así que en lugar de obsesionarte con tu desempeño, piensa con antelación en *ella*. ¿Qué le gusta hacer? ¿De qué clase de familia proviene? ¿Con qué clase de personas se junta? ¿Qué experiencias, buenas y malas, tienen en común? Son buenos puntos de partida para una buena conversación.

Lo cual nos lleva al próximo consejo.

> Tu felicidad futura en la vida no depende de que digas lo más gracioso, ni lo más interesante, durante los primeros diez minutos con una chica bonita.

2. Haz buenas preguntas.

¿No sabes qué decir? ¡Deja que *ella* hable! Parte del mejor consejo sobre este tema viene de un libro de setenta años llamado *Cómo ganar amigos e influir sobre las personas*. La premisa de este libro es la siguiente: La manera de que te perciban como un gran conversador, y de gustarle a la gente, es concentrarte en la otra persona.

Mi hija de diecisiete años (de Eric) dijo: «Creo que todos los chicos necesitan leer este libro. Los ayudaría a aprender a alejarse de la manera presumida de hablar y a aprender a transformarse en buenos entrevistadores. Si lo hicieran, llegarían mucho más lejos con las chicas».

Sin excepción, las chicas nos dijeron que no procuran que lleves toda la carga en una conversación, sino que hagas buenas preguntas y sintonices lo que ella intenta decirte con respecto a su vida. «Sería increíble que los chicos nos conocieran por lo que *nosotras* les decimos», dijo una chica. «Causaría una muy buena impresión si se esforzara en conocerme».

3. Escucha sus respuestas.
(¡No te puedo creer!)

Alguien dijo una vez: «Sé bueno para escuchar. Tus oídos nunca te meterán en problemas». En realidad, a todos les gusta que los escuchen, y escuchar es el verdadero camino al corazón de una chica. Si aprendes a escuchar bien, harás que ella (la emisora) se sienta bien. Lo esencial para escuchar a una chica se reduce a asegurarse de que sepa que la estás escuchando. Parece sencillo y lo es. Una de las mejores maneras de demostrar que le estás prestando atención es hacer contacto visual. Bueno, si es una de las muchachas más hermosas con las que has estado, quizá prefieras alguna forma de tortura antigua antes que mirarla a los ojos. Sin embargo, inténtalo. Verás cómo resulta.

Una chica dijo: «Que te miren a los ojos tiene algo especial. Me hace sentir que se siente fascinado por lo que digo. Mi

*Ahora bien, no te pases de la raya y creas que si un poco de contacto visual es bueno, mucho debe ser mejor. *¡Sí!* *¡La miraré fijo, sin pestañear, como un cachorrito enamorado!* Las chicas dijeron: «Eh, no. Eso es escalofriante».

confianza aumenta porque demuestra que soy una persona interesante, que mi opinión importa»*.

Ahora, pasemos a otros dos consejos más fáciles. En primer lugar, asiente de vez en cuando para que sepa que estás allí. Y, en segundo lugar, una que otra vez reacciona para que sepa que la sigues. Por ejemplo: «¿Kara te dijo eso? ¿En serio?», o «Seguro que no fue divertido».

Una muchacha lo resumió de esta manera: «Escuchar es de buena educación y quiero un chico que sea educado. Es más, quiero un buen chico sureño porque sus mamás les pegan hasta que tienen buenos modales». (Fue nuestro comentario preferido de todos los grupos de enfoque. Por poco derramamos nuestros refrescos).

Sé bueno para escuchar.
Tus oídos nunca te meterán en problemas.

4. Escucha los sentimientos ocultos en sus palabras.

Ahora, llegamos a lo que podrías llamar la audición avanzada. Es solo para chicos excepcionalmente brillantes: unos pocos en un millón. Esta forma de escuchar sorprenderá a tus amigos y aterrorizará a tus enemigos.

Aunque hiciste buenas preguntas y la escuchaste responder, todavía no terminaste tu tarea. Las chicas quieren que los chicos no solo las escuchen de manera física, con los oídos. Además, necesitan que las escuchen en busca de algo más: de lo que *sienten* sobre lo que acaban de decir.

En *El Hombre Araña 3* hay una escena que lo ilustra a la perfección. Mary Jane ha visto cómo Peter Parker (ya sabes, el Hombre Araña) besa a otra chica durante una entrega de premios. Los dos están de vuelta en el pequeño y desagradable apartamento de Peter y las cosas no van bien. Peter se ha puesto arrogante y desatento, y ha pasado por alto todas las señales que Mary Jane le ha enviado sobre lo infeliz que se siente. Al final, explota en un intento de pedir ayuda. «¡Solo quiero que me escuches!», suplica. «¡Necesito que *escuches cómo me siento!*»

¿Puedes creerlo? Aquí tienes al Hombre Araña, que derriba malhechores y se columpia desde los rascacielos. Los niños lo idolatran y siempre se escucha *el increíble* antes de su nombre. ¿Y eso no es suficiente para M.J.?

No.

¿Por qué?

¡Porque es como cualquier otra chica!

Sin duda, eso de andar arrojando telas de araña y haciendo hazañas le resultó atractivo a Mary Jane. Sin embargo, aun así, anótalo también, *¡está dispuesta a cambiarlo todo por alguien que escuche de verdad sus sentimientos!* No se trata solo de su problema (besó a otra chica), sino de cómo ella se siente con respecto al problema (se siente sola y está a punto de servirle su cabeza enmascarada en un plato).

Muchos chicos luchan en este aspecto. Nos cuesta escuchar las palabras y a menudo fracasamos de manera rotunda a la hora de escuchar sentimientos. En parte, debido al diseño de nuestro cerebro, tenemos que estar más atentos y decididos para procesar toda la variedad de sentimientos cuando habla una mujer a fin de no pasarlos por alto.

Mi suegro (de Eric) es un hombre muy práctico. Mi esposa, Lisa, se dio cuenta de esto cuando volvía a casa de una conferencia en Chicago que no había salido como esperaba.

Llamó desde el aeropuerto, y con sus dos padres al teléfono, se lamentó porque su audiencia no pareció conectarse con ella.

Su madre interrumpió: «Ay, mi amor, imagino lo desconsolada que debes sentirte».

¿Qué dijo papá? «¿De qué aeropuerto sales? ¿De Midway o de O'Hare?»

¡Mal, mal, mal!, dijeron las chicas que entrevistamos. Quieren que *primero* escuchen y validen sus sentimientos. La pregunta sobre el aeropuerto viene después. (En realidad, quizá nunca). Así se lo preguntamos a las chicas en nuestra encuesta:

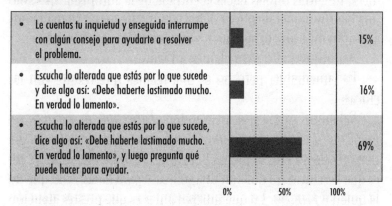

ENCUESTA Imagina que tienes un problema con una amiga de tu clase. Si se lo cuentas a tu novio, ¿de qué manera lo manejaría mejor? (Elige una opción).

- Le cuentas tu inquietud y enseguida interrumpe con algún consejo para ayudarte a resolver el problema. — 15%
- Escucha lo alterada que estás por lo que sucede y dice algo así: «Debe haberte lastimado mucho. En verdad lo lamento». — 16%
- Escucha lo alterada que estás por lo que sucede, dice algo así: «Debe haberte lastimado mucho. En verdad lo lamento», y luego pregunta qué puede hacer para ayudar. — 69%

0%   50%   100%

Una gran mayoría (el ochenta y cinco por ciento) quiere que la escuchen de una manera especial: que el chico escuche el sentimiento detrás de las palabras.

«Queremos que validen nuestros sentimientos», nos dijo una estudiante universitaria. «Queremos que el chico nos escuche para saber que le importa en realidad».

En parte, debido al diseño de nuestro cerebro, tenemos que estar más atentos y decididos para procesar toda la variedad de sentimientos cuando habla una mujer a fin de no pasarlos por alto.

5. No intentes arreglarla.

¿Te diste cuenta que solo un pequeño por ciento de chicas quiere que el muchacho interrumpa con una solución? La gran mayoría quiere que el varón comprenda antes los sentimientos. Esta respuesta le cae mal y enferma a un hombre sincero. Como ponerte los zapatos y luego las medias. En sí, los hombres hacen las cosas de otra manera.

Digamos que tu amigo Danny tiene un problema y está empezando a alterarse. Ya sabes lo que sucede: *Interrumpes* su arrebato para poder arreglar su problema. «¡Danny! ¡Oye!», dices, mientras doblas hacia la entrada de la autopista. «¡Es solo una hamburguesa de queso doble con tocino extra! Mañana nos aseguraremos que te agreguen el tocino extra, ¿está bien?»

Asunto resuelto. Arreglamos a Danny.

Es lamentable, pero no es una técnica que resulte con las chicas.

Sabemos que estás pensando: *¿Para qué le cuentas un problema a alguien si no quieres un consejo para resolverlo?* La mayoría de los chicos piensa lo mismo, pero las chicas no. Y no es que las chicas no quieran una solución *para nada*. Solo que no la quieren *primero*. Lo que quieren antes es que prestes atención a todos los sentimientos que preferirías pasar por alto. Luego de compartir el dolor, *entonces* estarán mucho más dispuestas a escuchar tus brillantes ideas para resolver su problema.

Como queremos saber lo que piensan las chicas del asunto (porque no nos interesa llevar a un *chico* al baile de la escuela), necesitamos prestar atención. Como verás, para la chica, su verdadero problema es en realidad uno diferente al que pensabas. Si estuviera en el lugar de Danny, su problema no sería el problema en sí («¡Oye! ¿Dónde está mi tocino extra?»). Sería cómo se *siente* por el tocino extra que falta («Me siento muy enojada y estafada y... *sollozo*... ¡desilusionada!»).

Una chica dijo: «En realidad, no buscamos un gran análisis, ni siquiera una respuesta. Solo queremos saber que nuestros sentimientos por la situación son importantes».

Entonces, practiquemos. Cuando una chica te cuenta un problema que tiene, debes ponerte tu sombrero de detective y descubrir cuál es su verdadera lucha. Aquí tienes otra situación: Simona, una chica muy competitiva, te envía un mensaje de texto. «¡UF!», escribe. «¡El entrenador Harding me está MOLESTANDO para jugar baloncesto esta temporada y no me lo puedo quitar de encima!»

¿Qué deberías responderle a Simona? Elige una.

1. «JA, JA, JA. ¿Quieres ir a comer alitas de POLLO?».
2. «FÁCIL. Dile que tu decisión es definitiva. TÚ no juegas».
3. «¡¡¡Detesto cuando te presionan así!!! Con todo, estuviste genial en la última temporada. ¿Qué te hace sentir tan ¡PUF! este año?».

Si elegiste la primera, abofetéate y vuelve a comenzar a leer este capítulo desde el principio.

Si elegiste la segunda, concéntrate y vuelve a leer las dos sesiones anteriores, desde «4. Escucha los sentimientos ocultos en sus palabras».

Si elegiste la tercera, ¡felicitaciones! Avanzas al próximo nivel. P. D.: Simona quiere salir contigo.

Para la chica, su verdadero problema es en realidad uno diferente al que pensabas.

6. Por fin... estás listo para hablar.

La conversación acerca a la gente, en especial si hay una chica de por medio. Es cierto, tú y tu amigo Danny se acercan solo haciendo cosas juntos: practicando deportes, mirando deportes o comiendo hamburguesas. Arroja unos cuantos gruñidos y son amigos para siempre. Sin embargo, en el caso de las chicas, la conversación es importantísima.

Sin duda, te has dado cuenta de que durante mis discursos (de Jeff) en mi cita con Anna, nunca hubo una verdadera conversación. Eso se debió a que era un loro parlanchín... no hacía falta un interlocutor. Debería haberle enviado el archivo MP3 y haberme quedado en casa.

Entonces, cuando en esta sección decimos *hablar*, no pensamos en discursos ni en loros, ni en grabaciones. Nos referimos a la conversación: habilidades para llegar a conocer al otro, que funcionan cuando dos personas tienen un interés mutuo.

Como nos dijera una chica: «Si los chicos aprenden a escuchar haciendo buenas preguntas, pronto se encontrarán rodeados de amigos... incluso de chicas».

Aquí tienes algunas ideas y recordatorios:

▸ Transfórmate en un buen entrevistador y escucha sus respuestas. Si quieres producirle curiosidad a una persona y que piense que eres un conversador increíble, no hables sobre ti: habla sobre ella. Cuando estés con una chica, hazle preguntas sobre ella.

▸ Deja las preguntas que inviten a una respuesta de sí o no. Las respuestas no llegan a ninguna parte y la otra persona deja de hablar. «¿Tienes hermanos?» no es tan buena idea como esta: «¿Cómo es tu familia?». Usa preguntas que la alienten a describir algo, a contar una historia o a expresar una opinión o un sentimiento. Las chicas que entrevistamos garantizaron que casi cualquier muchacha terminará una conversación pensando así: ¡*Vaya!*

▶ Usa preguntas que den continuidad. Por ejemplo, cuando te cuenta acerca de su familia, digamos que menciona lo poco que le gusta compartir su habitación o tener una madrastra. Ahora puedes seguir con preguntas sobre dos cosas relacionadas con el tema de su familia. Anímate.

▶ No finjas. Las chicas son inteligentes. Dejémoslo en claro. Se dan cuenta si haces algo para agradarle y no porque te interesa y te preocupa en realidad.

▶ No exageres. Esto sucede casi siempre cuando los chicos no saben bien qué decir, entonces nos pasamos de la raya. Por ejemplo, decir una decena de veces seguidas en momentos equivocados: «¿Cómo te hizo sentir?».

Ella: «Ayer no almorcé».

Tú: «¿Cómo te hizo sentir?».

Ay, ay, ay.

Otra manera de exagerar es hablar demasiado, como: «Te ves hermosa, Rachel. Tu cabello luce un poco más claro hoy, Rachel. ¿Te lo aclaraste? ¿Has estado haciendo ejercicio? ¿Otras personas en tu familia tienen huesos grandes?».

Te pegarán un tortazo. Créenos.

Buen esfuerzo, buenos momentos

Sabemos que no hay muchos lugares en este mundo donde la sinceridad y las buenas intenciones cuenten para algo. En los negocios y los deportes, nadie dice: «Ah, buen intento, Bob. Sí, perdiste la gran oportunidad del equipo. Con todo, tu intención fue buena».

Con las chicas, es diferente. En serio. Les gustan los chicos que se esfuerzan más que los que son perfectos. Mira estos dos comentarios excelentes:

▸ «Sé que a los chicos les asusta comunicarse con las muchachas, pero no esperamos la perfección; así como deseamos que no la esperen de nosotras».

▸ «Queremos que un chico hable con nosotras o nos invite a salir, aunque no le salga a la perfección. Lo respetaremos más, no menos, si es auténtico y se arriesga por nosotras. Es agradable y encantador».

Parece que las chicas están más dispuestas a aceptarnos como obras en progreso y a ver nuestro potencial, aun cuando nosotros no lo veamos. Por eso, aunque las habilidades de comunicación no nos resultan naturales a la mayoría de los varones, podemos relajarnos, aprender y seguir practicando. Hablar con los oídos y escuchar con el corazón son habilidades de vida poderosas que toda persona exitosa tiene que ejercitar tarde o temprano.

Piénsalo. ¿Aprendiste a atrapar una pelota la primera vez que alguien te la lanzó? ¿Qué me dices de la patineta? ¿Aprendiste a hacer trucos en un día? Lo mismo sucede con las habilidades para hablar y escuchar.

Y como las chicas son muy lindas y tienen agradable olor, esforzarse un poco en esta cuestión es una de las cosas más inteligentes que harás.

A las muchachas les gustan los chicos que se esfuerzan más que los que son perfectos.

EL VERDADERO SIGNIFICADO DE «ANOTACIÓN»

La verdad acerca de las chicas, los chicos y la relación sexual

Bienvenido al libro. Estás a punto de aprender lo que la mayoría de los chicos pasa por alto...

Te atrapamos, ¿verdad?

Si te sorprendimos comenzando el libro aquí, no te sientas mal. Sabemos cómo funciona. Cuando los chicos toman el libro, las páginas llegan en forma mágica a este capítulo.

Podrías seguir leyendo, pero te perderías muchas cosas. ¿Por qué? Porque saltaste a la mitad sin un principio. Tropezaste en una escena de batalla del *WarCraft*... sin siquiera jugar antes. No tienes idea de lo que sucede, de quién eres, de quiénes son los malos, ni siquiera de lo que tienes que hacer para permanecer con vida en Azeroth.

Así que te recomendamos de manera encarecida que salgas de este capítulo y comiences desde el principio. El libro es fácil de leer, y lo que aprenderás sobre las chicas te ayudará a permanecer con vida en este capítulo. Bueno, al menos, te preparará para sacar mucho más provecho de él. Piensa que es como guardar lo mejor para el final... y no perder lo mejor porque te comieron los zombis mientras te quedabas ahí parado diciendo: «¿Eh?». Como verás, es un capítulo peligroso. El mundo es un lugar animado, las hormonas sexuales son muy inflamables y es lamentable que estés empapado en ellas. Al igual que en los demás capítulos, leerás cosas sobre las chicas que nunca antes escuchaste, cosas que quizá te cueste creer. Sin la base adecuada, podrías tomar lo que descubres y herir a las muchachas o a ti mismo. Podrías malinterpretar por completo lo que decimos. No queremos que suceda eso. Así que es tu oportunidad de comenzar desde el principio. Este capítulo seguirá aquí cuando vuelvas.

▶ ▶ ▶ ▶ ▶

Antes de zambullirnos en este capítulo, deberíamos proporcionarte algo, eh... de protección.

▶ *Información no es recomendación.* Al igual
   que todo lo demás hasta aquí, solo porque
   cumplimos nuestra promesa de comunicarte lo
   que dijeron las chicas no significa que siempre
   lo apoyemos. Algunas de las chicas con las que
   hablamos ya habían cruzado la línea y habían
   tenido relaciones sexuales. Otras dijeron cómo se
   sentirían si lo hicieran. Sin embargo, no creas que
   recomendamos que cruces la línea y comiences a
   tener relaciones sexuales. No lo hacemos.

▶ *Para obtener la verdad, nos quedamos en casa.*
   Bueno, es decir, Jeff y Eric lo hicieron. Les
   pedimos a Shaunti y a Lisa que llevaran a cabo
   los grupos de enfoque y las entrevistas sobre este
   tema. (Hombre, si no sabes quiénes son Shaunti y
   Lisa, te atrapamos: de veras tienes que leer el resto

del libro primero). Ayudamos a nuestras fuentes a ser sinceras permitiendo que fuera solo una conversación entre chicas.

▸ *No hablamos solo con chicas «encantadoras».* Como en cualquier otro tema, entrevistamos y encuestamos a chicas adolescentes representativas de todo el país... casi todas agradables, unas quizá no lo fueran; algunas activas sexualmente, otras no. Estamos lo bastante locos como para creer que tener información de una gran variedad de chicas hace nuestro informe aun más útil y convincente.

▸ *Resulta que Dios tenía razón.* En cuanto a la relación sexual en el siglo veintiuno, no todos creen esta afirmación, pero es verdad. Si creciste en una familia con un fuerte trasfondo cristiano o judío, por ejemplo, sabes que la relación sexual se creó para el matrimonio. Sin embargo, casi nada de lo que escuchas hoy en día concuerda con eso. Nosotros sí estamos de acuerdo. (*¡Ah!* Dios debe estar aliviado). Es más, apoyamos las enseñanzas del Nuevo Testamento sobre rendir nuestros cuerpos a Dios como acto de alabanza y servicio de por vida. Es interesante que *todo lo que descubrimos de las chicas mismas en esta encuesta confirma los mismos valores anticuados que escuchas en la iglesia o la sinagoga.* Y resulta ser que, casi todo lo que escuchas sobre los adolescentes y la relación sexual en las películas, las revistas, la televisión y los pasillos de la escuela es una basura. En un minuto, verás por qué.

Todo lo que descubrimos de las chicas mismas en esta encuesta confirma los mismos valores anticuados que escuchas en la iglesia o la sinagoga.

La relación sexual lo cambia todo

Obtuvimos el primer vistazo de cómo se sienten en verdad las chicas con respecto a «cruzar la línea» en uno de los primeros grupos de enfoque que realizaron Shaunti y Lisa con chicas universitarias, algunas de las cuales ya habían tenido relaciones. Cuando Shaunti y Lisa les preguntaron cómo se sintieron durante los días y los meses siguientes, los comentarios que recibimos nos impactaron:

▶ «Te sientes más apegada».

▶ «Te sientes vulnerable, alterada, arrepentida... resentida».

▶ «Después, quería arreglar las cosas y que la relación fuera más profunda de lo que era en realidad, así que usé el aspecto físico para mantener cerca a mi novio, arreglarlo y mejorarlo, aunque al final, me sentí degradada».

▶ «Te sientes dependiente y debes mantenerlo allí para no tener una marca negra en tu trayectoria. No quieres que termine habiendo entregado una parte tuya y sin tener nada a cambio».

▶ «Te coloca en un lugar de temor constante. Te preguntas a cada momento: *¿Soy digna de ser amada? ¿Estará satisfecho conmigo?*».

Tres cosas que *no* escuchamos, ni siquiera una vez, fueron: (1) «Después, me di cuenta de que mi novio es un monumento de amor en llamas». (2) «La verdad es que me alegra haberlo hecho. No veo la hora de volver a hacerlo». (3) «¡Ahora lo respeto *muchísimo*!»

Ah.

Al principio, nos preguntamos si nuestros sujetos femeninos eran casos perdidos emocionales o quizás androides alienígenas disfrazados. Sin embargo, no fue así. Una y otra vez escuchamos lo mismo de parte de otras chicas de todo el país, incluso en nuestra propia encuesta nacional.

ENCUESTA	Si una chica y su pareja pasaran a una relación sexual, ¿cuáles de los siguientes pensamientos y sentimientos quizá sienta ella? (Elige todos los que se ajusten).

«Sentimientos positivos, como más amor e intimidad»	67%

- Más amor e intimidad con él
- Más apego de manera amorosa y libre
- Más confianza en él
- Tranquilidad en que la relación marcha de verdad y en la probabilidad de un futuro
- Alivio, porque ahora sabe que la ama de verdad

«Sentimientos negativos, tales como sentirse posesiva, insegura o dependiente»	82%

- Preocupación por perderlo / por perder la relación como era antes
- Inquietud por lo que puede decirle a los demás
- Expuesta, vulnerable
- Más apego a él de manera posesiva
- Se siente posesiva y quiere vigilarlo
- Siente remordimiento
- Siente que cometió un error y ahora tiene que solucionarlo
- Siente que ahora él le debe algo (como más compromiso, lealtad, rendirle cuentas sobre dónde está y lo que hace, etc.)
- Se siente más controladora, como si necesitara asegurarse de que la trate bien
- Indigna o sucia
- Como si quisiera transformarlo en la persona que necesita en verdad

«Sin ninguna diferencia»	5%

Nota: La primera línea de cada sección muestra el por ciento de las chicas que eligieron una o más respuestas de esa sección. Los por cientos no suman el cien por cien porque las chicas podían elegir más de una respuesta.

Aunque los datos mostraron que muchas chicas tienen sentimientos positivos luego de tener relaciones sexuales, *esas mismas chicas* dijeron que también se sentían «dependientes, posesivas, controladoras, arrepentidas, sucias y con deseos de cambiar al muchacho». En total, el ochenta y cinco por ciento de las chicas dijo que surgirían esos sentimientos negativos. Se reduce a lo siguiente: Para una chica, la relación sexual lo cambia *todo*.

Lee el siguiente párrafo con atención. Allí, intentamos decir en el mismo lugar todo lo que descubrimos sobre las chicas y la relación sexual: cosas que la mayoría de los muchachos pasa por alto.

Las chicas ven el acto sexual prematrimonial de una manera muy distinta a los chicos. Algo cambia en lo emocional para la chica promedio una vez que tiene relaciones sexuales. Como dijera una muchacha: «Sabe que le ha entregado un pedazo de sí misma, y también que no se ha comprometido con ella de por vida. No están casados; puede dejarla cuando se canse de ella». Así que ahora, por más que la chica no quiera, comienza a sentirse posesiva y le preocupa perder a su novio. Además, siente que le «debe» algo, como pasar más tiempo juntos. Desde entonces, aunque también tenga sentimientos positivos, todavía experimenta fuertes dudas y sentimientos posesivos, de inseguridad, de dependencia.

¡Cómo así! No es justo lo que la mayoría de los chicos espera cuando consiguen lo que creen que es su mayor logro sexual y... anotan.

¿Te preguntas de qué manera un acto físico puede cambiar todo desde el punto de vista emocional para una chica? ¿Quisieras que los sentimientos positivos que mencionaron las chicas fueran mayores que los negativos? ¿Crees que los cientos de muchachas que entrevistamos exageraron?

Al comienzo de este libro, prometimos llevarte al corazón y la mente del sexo opuesto, a fin de mostrarte cosas que la

AL DÍA SIGUIENTE...

mayoría de los chicos nunca descubren sobre cómo están hechas las chicas. Nuestro objetivo es ayudarte a tener relaciones felices y saludables con las chicas que conoces... o que quieres conocer. Aunque algunos hechos pueden cuestionar ideas establecidas, ahora sabes lo que las chicas sienten en verdad sobre este intrigante asunto. Sigue leyendo... porque hay mucho más.

Algo cambia en lo emocional para la chica promedio una vez que tiene relaciones sexuales. Por más que la chica no quiera, comienza a sentirse posesiva y le preocupa perder a su novio.

Lo que piensan las chicas sobre la relación sexual

¿Acaso las chicas *quieren* tener relaciones sexuales de la misma manera que nosotros, los muchachos llenos de hormonas? Es probable que digas: «Ay, por favor, por favor, digan que sí». Está bien.

Sí, más o menos.

Aunque también, de ninguna manera.

Para mostrarte los hechos que salieron a la luz en nuestra encuesta, te daremos cinco verdades sexuales sobre las chicas. Estamos seguros de que leerás esta parte. Y si no te rindes al leer algo que no te gusta, al final verás como todo se une para formar una buena noticia, tanto para tu futuro a largo plazo y a corto plazo.

Comencemos con algo muy esencial: lo que significa *estar buena.*

Primera verdad sexual	Lo que significa estar buena para una chica
No piensa en la relación sexual tanto como tú. Además, no se viste para «estar buena» porque quiere acostarse contigo.	

Los chicos piensan en la relación sexual solo cada tres segundos más o menos. Eso deja un segundo para deportes o pizza y un segundo para no pensar en nada en absoluto. En realidad, *pensar*, como palabra para describir la respuesta masculina a la relación sexual, no es nada precisa. Sería más como estar siempre condicionado para distraerte. Tu conversación mental se parece a la siguiente: *Mejor me pongo a estudiar para... ahí viene ella otra vez... mi prueba de geometría... ¡Ah, vaya!... ¿Y dónde está mi libro de geometría?... Me pregunto cómo será la relación sexual... ¡Huy, ya es hora de comer!... Seguro que se puso esa camiseta porque quiere algo conmigo.* Y así sigue todo el día.

A los chicos nos distrae y nos motiva tanto la relación sexual todo el tiempo que no se nos ocurre que las chicas pueden pensar de otra manera. Sin embargo, así es. Son muy distintas. La mayoría, incluso las que nos resultan atractivas, se pasa el día sin darle mucha importancia a la relación sexual. Y cuando una chica se pone «esa camiseta» no es porque diga: «Ven a buscarme». En realidad, lo que se pone no tiene nada que ver con pensamientos sexuales. En caso de que no nos creas, aquí tienes pruebas. Lee con atención:

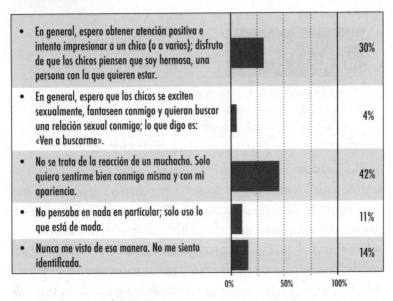

ENCUESTA | **Si te vistes con ropa entallada que resalte tu figura, ¿qué sería lo más probable que te pase por la mente? (Elige una opción).**

- En general, espero obtener atención positiva e intento impresionar a un chico (o a varios); disfruto de que los chicos piensen que soy hermosa, una persona con la que quieren estar. — 30%
- En general, espero que los chicos se exciten sexualmente, fantaseen conmigo y quieran buscar una relación sexual conmigo; lo que digo es: «Ven a buscarme». — 4%
- No se trata de la reacción de un muchacho. Solo quiero sentirme bien conmigo misma y con mi apariencia. — 42%
- No pensaba en nada en particular; solo uso lo que está de moda. — 11%
- Nunca me visto de esa manera. No me siento identificada. — 14%

Nota: Debido al redondeo, el total excede un poco al cien por cien.

Mira con atención esas cifras. Solo el cuatro por ciento de las chicas que se viste con ropa atractiva lo hace para excitar a los chicos.

Como este descubrimiento *en verdad* no tenía sentido, les pedimos a las chicas que nos lo explicaran. En primer lugar, nos explicaron un punto clave con respecto a su composición esencial: cuando ven a un chico atractivo, pueden, y casi siempre lo hacen, admirar su apariencia sin tener un solo pensamiento de: *Quiero irme a la cama con él.* En segundo lugar, admitieron que no comprenden por qué nos abruman los sentimientos de «Quiero irme a la cama con ella» al ver a una chica atractiva que se viste para mostrar su figura. (A partir de ahora, si alguien te dice que los chicos y las chicas son iguales, tómalo como una tontería progresista).

Es más, cuando Shaunti y Lisa escribieron *Solo para chicas*, que les explica a las chicas cómo piensan los varones, descubrieron que a casi todas las adolescentes de vestimenta sensual con las que hablaban las horrorizaba la idea de que un muchacho pudiera tener fantasías sexuales con ella. Entonces, la pregunta evidente es la siguiente: «¿Por qué se visten de esa manera?».

La abrumadora mayoría de las chicas dice que se viste así para obtener atención positiva (pero no sexual). Antes que todo, quieren sentirse bien con su apariencia.

Una chica nos dijo: «Quiero que la gente piense: *Esa chica en verdad intenta lucir bien y mantenerse en forma.* No trato de presumir, al menos, no de manera sexual. Solo intento lucir y sentirme de la mejor manera posible, a la última moda».

Realidad: El noventa y seis por ciento de las chicas dijo no tener intención de tentarte a fantasear sexualmente con ellas... y la mayoría no tiene idea de las imágenes que se agolpan en tu cerebro cuando notas su ropa ajustada. Observan la atención de un muchacho y su conclusión es: *Cree que soy linda*, sin darse cuenta de que quizá *linda* sea lo más alejado en su mente.

Cuando una chica se pone «esa camiseta» no es porque diga: «Ven a buscarme».

Segunda verdad sexual	Cómo surte efecto la presión
Cuando un chico presiona a una chica en busca de relación sexual, disminuye el respeto que siente por él.	

Descubrimos que esta verdad es casi universal entre las chicas, incluso entre las que se rinden ante la presión. Mira la inteligencia de nuestra pregunta:

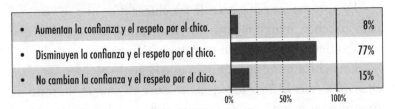

ENCUESTA	En una relación de noviazgo, ¿crees que el respeto y la confianza de una chica por un chico aumenta o disminuye si él comienza a buscar con ardor una relación sexual? (Elige una opción).

• Aumentan la confianza y el respeto por el chico.	8%
• Disminuyen la confianza y el respeto por el chico.	77%
• No cambian la confianza y el respeto por el chico.	15%

0%   50%   100%

Piensa en lo que esto significa. Imagina que tú y tu novia se están besando. Sin embargo, como crees que quiere más, al igual que tú, decides volver a presionar una vez más y llevar las cosas un paso más adelante y... ¡*pum!*... de repente, tú y tu posibilidad de una buena relación con ella quedan arruinados. Justo cuando pensabas que te daría las gracias por dejarte llevarla en el viaje de placer de su vida, para ella apestas como los calcetines de la clase de gimnasia.

Cuando les pedimos a las chicas que explicaran, dijeron cosas como estas:

▸ «Aunque esa noche mis hormonas estaban enloquecidas, me desilusionó que él nos dejara llegar a tener relaciones sexuales. Arruinó la confianza entre nosotros».

▸ «Si me lleva a cosas sexuales tan rápido, es probable que ya llevó a otras de la misma manera. Además, no quiero pensar en cómo me compara con otras chicas. Lo arruina todo».

¿Estás claro con lo que las muchachas piensan sobre la relación sexual? Lo dudamos. Sin embargo, quédate con nosotros. Lo que aprenderás te ahorrará toda clase de errores comunes y malentendidos dolorosos.

Tercera verdad sexual	El deseo sexual femenino
Las chicas sí tienen deseos sexuales. En comparación con los chicos, sus deseos no se desencadenan con tanta facilidad. Sin embargo, una vez excitada, una muchacha puede sentir un fuerte deseo sexual.	

¡Justo cuando pensabas que no había esperanza! Las chicas normales y saludables tienen deseos sexuales normales y saludables. El impulso de unirse con el otro que aparece en la pubertad en el caso de los chicos, también afecta de manera poderosa a las muchachas. Es verdad. Mira lo que preguntamos en la encuesta.

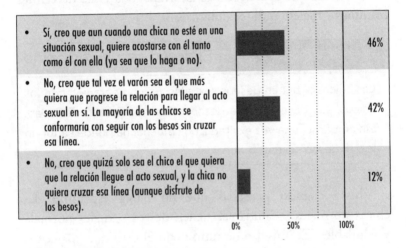

ENCUESTA Muchas personas bromean diciendo que los chicos «solo piensan en una cosa». Esta pregunta está diseñada para determinar si las adolescentes piensan y quieren eso mismo tanto como los muchachos. Según tu experiencia, si una chica y su novio se besan de vez en cuando, pero no han avanzado a una relación sexual, ¿crees que la chica tiene pensamientos sexuales y quizá desee tener relaciones tanto como él? (Elige una opción).

- Sí, creo que aun cuando una chica no esté en una situación sexual, quiere acostarse con él tanto como él con ella (ya sea que lo haga o no). **46%**

- No, creo que tal vez el varón sea el que más quiera que progrese la relación para llegar al acto sexual en sí. La mayoría de las chicas se conformaría con seguir con los besos sin cruzar esa línea. **42%**

- No, creo que quizá solo sea el chico el que quiera que la relación llegue al acto sexual, y la chica no quiera cruzar esa línea (aunque disfrute de los besos). **12%**

0%   50%   100%

Casi la mitad de las chicas encuestadas creen que quieren tener relaciones sexuales tanto como los muchachos, aunque sus hormonas no se alboroten en una sesión de besos. El resto de las chicas dijo que la mayoría o solo los chicos querían tener relaciones sexuales. Y casi todas las chicas dijeron que una vez que *estaban* excitadas, sentirían un deseo físico de tener relaciones.

Entonces, los chicos pueden quedarse tranquilos de que las chicas no son androides extraterrestres, sino que en realidad son seres que responden a estímulos sexuales. Sin embargo, la tranquilidad viene con una advertencia: las chicas responden de otra manera. Por ejemplo, como dijimos antes, no les excita verte caminar ni pensar en ti con una camiseta ajustada. Aun así, una vez que las cosas progresaron hasta el punto en que están excitadas, la mayoría se ve igual de tentada que los muchachos a cruzar la línea.

Ahora bien, no pases por alto lo siguiente: lo que la mayoría de los chicos no comprende es que cuando una muchacha se siente tentada de verdad a tener relaciones sexuales, lo que más quiere del chico no es lo que creen los varones.

En un momento, te diremos lo que descubrimos, pero primero debemos preguntar lo que le sucede a una chica en lo emocional cuando cruza esa línea. Aquí es donde volvemos a la cruda verdad que mencionamos antes.

> Una vez que las cosas progresaron hasta el punto en que están excitadas, la mayoría se ve igual de tentada que los muchachos a cruzar la línea.

Cuarta verdad sexual	El precio del «acto sexual libre»
Fuera del matrimonio, la relación sexual para una chica dispara fuertes sentimientos posesivos de inseguridad, dependencia y desconfianza en sí misma.	

Aunque la mayoría de las chicas identificó algunos sentimientos positivos luego de tener relaciones sexuales, incluso esas chicas y más, el ochenta y cinco por ciento, enumeraron sentimientos sorprendentemente negativos. Eligieron palabras como *expuesta, vulnerable, arrepentida, posesiva, insegura, temerosa y degradada.* ¡Vaya! Nada bueno.

No es que las chicas crean que la relación sexual sea algo malo. En cambio, para comprender esto, recuerda la inseguridad de «¿Le gustaré de verdad?», que describimos en el capítulo 3. La relación sexual aumenta tanto lo que está en juego a escala emocional que, como no está casada contigo, comienza a preocuparle perderte. Además, piensa cómo conservarte.

Lo que significa es que puedes transformar a una chica despreocupada en alguien que no conoces... y alguien que no quieres conocer. Quizá siga siendo una chica excelente, pero se vuelve posesiva, dependiente, controladora y arruinada. Levanta la mano si eso te resulta divertido.

Tal vez, la mejor palabra que podríamos usar es *confundida*. Sin la seguridad del matrimonio, las chicas se sienten terriblemente confundidas luego de la relación sexual. Y tenemos pruebas.

¿Te diste cuenta que en la tabla de la página 122 muchas chicas dijeron que sentirían más apego luego de la relación sexual, pero que sería de una manera «amorosa y libre»? Nosotros sí. Sin embargo, revisamos los números... Y, ¡vaya, esas chicas están locas! Casi todas (el ochenta y cinco por ciento) de las que dijeron que serían «amorosas y libres» también dijeron que serían posesivas, preocupadas, inseguras y dependientes. Esa *no* sería la definición de «amorosa y libre» de la mayoría de los chicos.

Aquí tienes una historia de la vida real para ilustrar este punto de locura confusa.

Una chica, a la que llamaremos Molly, nos contó que había firmado un acuerdo de abstinencia con sus padres y tenía toda la intención de guardar la relación sexual para el matrimonio. Pero entonces, tuvo un novio insistente y no tuvo cuidado con las sesiones de besos en las que se metió. Con el tiempo, Molly cedió a sus deseos y comenzó una relación sexual con él.

Así describió su estado emocional confuso: «Es el único chico con el que he estado, así que debo casarme con él. Él siguió adelante y se hizo novio de otra chica, pero estoy logrando volver a su vida. Debo hacerlo».

Se inicia la música escalofriante.

Los chicos deben comprender que Molly no es la única. Las chicas de todo el país luchan con los mismos sentimientos poderosos e indeseados una vez que comienzan a tener relaciones sexuales. Hablamos de panoramas de dolor y confusión que la mayoría de los chicos produce sin saberlo y que también, sabes que es verdad, *no quieren conocer*. Este problema puede ser un buen argumento para una película de angustia adolescente femenina, pero es horrible en la vida real.

Los varones queremos convencernos de que la relación sexual con una chica no es algo para hacer tanto escándalo. Queremos que sea más que nada «algo físico» o «divertido». Sin embargo, Dios no hizo a los humanos para que funcionaran de esa manera. No bromeaba cuando les dijo a Adán y Eva que en la relación sexual «se funden en un solo ser». Así que si crees que la relación sexual prematrimonial es libre y divertida para todos, sin compromisos, es hora de que salgas del centro comercial y vivas en el mundo real.

Cuando Shaunti escribió un artículo en un periódico acerca de la relación sexual adolescente, una chica le envió esta historia por correo electrónico:

Me criaron en un maravilloso hogar cristiano. Sin embargo, cuando tenía quince años, comencé a tener relaciones sexuales. En el último año del instituto, descubrí que tenía una enfermedad de transmisión sexual. No tenía nadie con quien hablar. Estaba aterrada. Aun así, seguí con mi vida desestimando las consecuencias durante unos años.

En la universidad, quise ser «libre». Me enorgullecía ser «como un chico». Es decir, dormía con el que fuera sin restricciones emocionales. Déjame decir algo, para las chicas, el acto sexual siempre es emocional. Me volví a la relación sexual para sobrellevar mi baja autoestima. Esta era la parte irónica. Era un círculo vicioso. Cuanto más me acostaba con chicos, más insegura me sentía. Lo usaba para sobrellevar mi situación, pero empeoraba las cosas.

Por otro lado, es interesante que nueve de cada diez veces, los sentimientos de los chicos se exaltan también. Solo que los esconden mejor. Para *cualquiera* es difícil tener relaciones sexuales y no apegarse a la otra persona de alguna manera.

> Nueve de cada diez veces, los sentimientos de los chicos se exaltan también. Para cualquiera es difícil tener relaciones sexuales y no apegarse a la otra persona de alguna manera.

Quinta verdad sexual	Lo que ella quiere más que el acto sexual
Por instinto, la chica quiere que su chico la proteja a ella y a la relación al no intentar tener el acto sexual con ella.	

Las chicas nos dijeron que desean de todo corazón tener un novio que sea lo bastante fuerte como para no presionarlas en lo sexual. Verás, por instinto, perciben que tendrán que lidiar con todos esos sentimientos profundos y negativos. Eso significa solo una cosa para ti y la chica de tus sueños: Lo que ella quiere más que tener relaciones sexuales contigo es que seas lo suficiente hombre como para protegerla de eso. Observa con atención esta pregunta de la encuesta que lo resume todo:

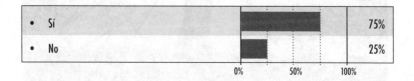

ENCUESTA **Si te estás besando con tu novio, en una relación que no ha pasado al acto sexual, ¿hay algo en ti que espera que *no* intente llegar a tener relaciones sexuales contigo?**

- Sí   75%
- No   25%

0%   50%   100%

Aun cuando están besándose, tres de cada cuatro chicas esperan y desean una cosa: que el muchacho trace la línea. Como dice una chica: «Espero que sea lo suficiente fuerte como para protegerme a mí y a la relación y *de ninguna manera* intente tener relaciones sexuales conmigo».

¿Y qué hay de las chicas que dijeron que físicamente deseaban el acto sexual tanto como los muchachos? ¿Esto es verdad para ellas también? Sí. Nos referimos a las dos preguntas, ¡y descubrimos que incluso dos tercios de *esas* chicas esperan que su chico sea lo bastante fuerte como para retroceder!

Una muchacha lo expresó de esta manera: «Nosotras también tenemos hormonas, y no es justo que el chico presione a la chica para que sea la que trace la línea. Aunque parte de nosotras lo desea, esperamos que él sea el líder y detenga las cosas». Otra añadió: «Para mí, un chico que presiona para tener relaciones sexuales demuestra lo *opuesto* de la fortaleza».

No es sorprendente que las chicas que no habían tenido relaciones sexuales esperaran más aun que su novio no intentara cruzar esa línea. Sin embargo, incluso entre las chicas ya activas

UN DIFERENTE TIPO DE HÉROE

sexualmente, seis de cada diez esperaban que su novio fuera lo bastante fuerte como para trazar la línea.

Entonces, ¿qué sucede en su corazón cuando tomas la difícil decisión de retroceder? Escuchamos a decenas de chicas que dijeron que cuando un chico en una situación de noviazgo no presiona de manera sexual, se disparan la confianza y el respeto por él. Aquí tienes solo dos ejemplos:

▸ «Apenas me di cuenta de que Mike no me pondría en una situación comprometedora, me relajé. Mi estima por él aumentó muchísimo; se transformó en mi héroe».

▸ «Confío mucho en Richie porque nunca violó mis valores. Ahora puedo confiarle cualquier cosa».

Dímelo una vez más

Te hemos arrojado muchos números, y hemos hecho algunas afirmaciones que quizá te cuesten creer. Así que antes de finalizar este capítulo con algunas ideas prácticas para vivir con inteligencia con respecto a la relación sexual, resumamos las cinco verdades esenciales que revelaron nuestras encuestas (ver la página 139). No son las ideas sobre la relación sexual que te golpean en la cara cuando prendes el televisor o vas al cine, ¿no es cierto? Sin embargo, son las verdades que las chicas que conoces y quieres te dirían si pudieran.

Ve a la guerra para protegerte a ti... y a ella

Las tentaciones nos llueven todos los días. Cada día parece una batalla entre lo que sabemos que está bien y lo que estamos tentados a creer y a hacer. Para los chicos, es muy fácil quedar atrapados y creer cosas que no solo son erróneas, sino también peligrosas.

Entonces, ¿qué puedes hacer no solo para defenderte, sino también para proteger a las chicas que Dios trae a tu vida?

Combate las mentiras.

¿Alguna vez hiciste una lista de las falsas ideas más comunes que escuchas sobre la relación sexual? Son en realidad una sarta de mentiras que pueden atraparte si no las identificas. Aquí tienes algunas:

▸ Todos lo hacen. No es realista esperar hasta estar casado para tener relaciones sexuales.

▸ No hay razón para esperar. ¡*Carpe diem*, amigo!

▸ De todas maneras, a ninguna chica linda le importa esperar. Todas están cediendo. Entonces, ¿por qué tengo que ser yo?

▸ Oye, puedo cruzar líneas sin llegar hasta el final. No me quemaré.

▸ Quiero ser un hombre de verdad. Y los hombres de verdad tienen relaciones sexuales.

▸ Ya lo hice. Es lo mismo si lo sigo haciendo.

▸ Me enferma ser el único que no lo ha hecho todavía.

Las más peligrosas de estas mentiras contienen un germen de verdad que cubre una mentira mortal. Analiza cualquiera de las afirmaciones de nuestra lista y lograrás encontrar la mentira. Por ejemplo:

▸ En realidad, hay razones para esperar... razones muy motivadoras que han valido la pena para muchas personas. Y si ya lo has hecho, esas razones siguen en pie. Puedes hacer lo bueno a partir de ahora.

▸ Tener relaciones sexuales no te convierte en un hombre. (¿Quién crees que eres... solo una glándula tonta?)

Tema	La mayoría de los chicos piensa...	Sin embargo, la verdad es...
Primera verdad sexual. Lo que significa *estar buena* para una chica	*Se viste atractiva porque quiere tener relaciones sexuales conmigo.*	Se viste atractiva para sentirse linda y bien consigo misma.
Segunda verdad sexual. Cómo surte efecto la presión	*A ella no le importa si la presiono sexualmente, y pensará que soy más hombre si lo hago.*	Si la presionas sexualmente, disminuirá su respeto por ti.
Tercera verdad sexual. El deseo sexual femenino	*Lo desea lo mismo que yo.*	También tiene hormonas, pero su deseo sexual es fuerte solo cuando está excitada.
Cuarta verdad sexual. El precio del «acto sexual libre»	*Si tenemos relaciones, estará bien. Tendremos más intimidad, pero no habrá otro cambio. Si me dice, o lo insinúa, «sin compromisos», así será.*	Si tienen relaciones sexuales, lo que espera de ti cambiará en forma radical, y (por ti) en forma negativa, por más que no quiera.
Quinta verdad sexual. Lo que ella quiere más que el acto sexual	*En secreto, espera que la convenza, o la excite lo suficiente, para que tengamos relaciones sexuales.*	En el fondo, espera que la protejas de tener relaciones sexuales (aunque también quiera hacerlo) porque sabe que, para una chica, el acto sexual viene con condiciones emocionales poderosas.

▶ No eres el único que no lo ha hecho. Aun si estás dentro de la minoría, significa que eres el más fuerte de los que quedan: el que ha luchado la mejor batalla, el que más se preocupa por su bienestar, por su chica y por su futuro.

Hemos descubierto que cuando se amontonan las mentiras sobre la relación sexual, es útil hablar las verdades de Dios sobre nuestra vida. Sí, nos referimos a decirlas con valentía en voz alta. De esa manera, la verdad entra en tus oídos, empuja las mentiras que puedes llegar a creer y te prepara para la batalla.

Esos guerreros pintados que se abalanzaban colina abajo con Mel Gibson en *Corazón Valiente* no susurraban, ¿cierto?

Aquí tienes algunas verdades que vale la pena gritar:

▶ *No hay tentación demasiado grande para mí. Dios siempre proporciona una vía de escape.* (Lee la promesa de Dios para esto en 1 Corintios 10:13).

▶ *Tengo un futuro, una esperanza y un llamado supremo. ¡Así que no haré concesiones!* (Lee Jeremías 29:11).

En realidad, hay razones para esperar: razones muy motivadoras que han valido la pena para muchas personas.

Recluta ayuda.

Hemos descubierto que para permanecer firmes contra la tentación es muy útil, casi esencial, reclutar el consejo y el aliento de los que han peleado las batallas antes que nosotros. Tus padres pueden ser excelentes fuentes de consejo para ti, o quizá puedas hablar con un líder de jóvenes sobre lo que da resultado... y lo que en verdad no da resultado. Nos encontramos con muchos adolescentes que han formado asociaciones de rendición de cuentas con un amigo. La clave es la siguiente: no intentes permanecer solo.

Reconoce las consecuencias para ti, no solo para ella.

Como de seguro sabrás, la chica no es la única que sentirá consecuencias emocionales de la relación sexual fuera del compromiso matrimonial. En la encuesta de Shaunti y Lisa para el libro *Solo para chicas*, descubrieron que dos tercios de los chicos admitieron que cuando una relación se volvía sexual, comenzaban a preguntarse si podían confiar por completo en su novia. Y, por supuesto, eso arruina todo, *aparte* de las complicaciones que ya mencionamos en este capítulo.

Además, comprende que la relación sexual prematrimonial es capaz de llenar tu mente de mentiras que pueden volver a sabotear tu relación con la esposa que te traiga Dios. Piénsalo. Sabes que llevas a cuestas un archivo de recuerdos visuales que nunca se borran por completo. Bajo las tensiones inevitables del matrimonio, tu cerebro te dirá que la relación sexual que experimentaste antes del matrimonio era mucho mejor que cualquier cosa que tengas con tu esposa. Desde luego, tu cerebro compara la realidad con la fantasía.

Confía en nosotros: no querrás tener que lidiar con esa clase de basura en tu futuro. En cambio, hazte un favor por adelantado para tu propio matrimonio. Una vez que estés casado, nunca lamentarás todo el esfuerzo que hiciste para esperar.

Mantente a salvo.

Es mucho más fácil nunca empezar algo que intentar detenerlo una vez que ya comenzó. No necesitamos entrar en detalles, ¿verdad? Sabes de qué estamos hablando. Mantén las manos en los bolsillos, aléjate de esas páginas Web que sabes que te derretirán el cerebro, y las tentaciones serán mucho más fáciles de manejar.

Mi esposa (de Eric) habló frente a un grupo de jóvenes en Seattle, donde tenían un panel de chicos adolescentes que respondían preguntas de las chicas. Una de las muchachas preguntó: «¿Dónde trazas la línea?». Entonces, uno de los varones del panel sonrió burlón, gesticuló con las manos delante de su cuerpo y dijo: «Esta es mi regla: Si no lo tengo, ¡no lo toco!».

Un chico dijo: «Esta es mi regla: Si no lo tengo, ino lo toco!».

Haz como José.

A pesar de todas tus buenas intenciones, ¿qué harás si te encuentras en una situación acalorada? ¡Haz como José!

En una historia del libro de Génesis, José era un joven que trabajaba para un líder poderoso de Egipto, y la esposa de su jefe le pedía a cada momento que se acostara con ella. ¿Qué hizo él? ¿Acaso disfrutó del coqueteo «inocente»? No, la evitó y siempre le dijo: «¡De ninguna manera!». Temía desilusionar a Dios, y sabía que no podía confiar en sí mismo si se permitía interactuar con ella. Entonces, llegó el día en el que ella lo agarró físicamente. José se zafó de sus brazos y corrió. Sabía que no podía quedarse en esa situación tentadora ni un segundo más.

Puedes «hacer como José». Sin importar a dónde hayas llegado en el camino, o si ya haz cruzado la línea o no, solo levántate y sal corriendo.

Anota un punto para los hombres

Esperamos que hayas descubierto algunas verdades sobre las chicas y la relación sexual que ya hayan cambiado las decisiones que tomes en el futuro... todas para bien. De alguna manera, todo chico está hecho para anotar con las chicas. Es solo que, como ya descubriste, el verdadero significado de anotar es distinto a lo que piensa la mayoría de los chicos. Pensabas que significaba lograr que una chica tuviera relaciones sexuales contigo. Ahora, sabes la verdad: las chicas creen que los muchachos que presionan en el ámbito sexual son débiles, no fuertes. Creen que los chicos que son lo bastante fuertes como para defender la línea que trazaron son dignos de admiración y respeto. Y, en lo más profundo, *quieren* que protejas a los dos.

Un verdadero hombre anota cuando se pone firme para bien.

En resumen, un verdadero hombre anota cuando se pone firme para bien, para él y para su novia, aun si tiene que permanecer solo. Así es que gana ahora y en el futuro. Puedes estar seguro de que cada postura difícil que adoptes y cada buena decisión que tomes tendrán muchos frutos. Es cierto, vivirás con millones de hormonas que laten en tu cuerpo (al igual que los chicos que ya se acuestan con muchachas, por cierto). Sin embargo, vivirás con una conciencia limpia, muchas chicas que te valoran, te respetan y te admiran... y nada de reproches.

Oraremos por ti. *Puedes* hacerlo. Un día, volverás la vista atrás y verás que, a través de todas las tentaciones y decisiones difíciles, elegiste ser un hombre.

EL CHICO QUE QUIEREN TODAS LAS CHICAS... DE VERDAD

¿Podría ser que quien eres en verdad es de verdad el premio?

Recuerdo (Eric) una fantasía recurrente que tenía en la escuela secundaria cuando vivía en Tejas. En mi sueño, había una chica bonita, un gran problema y un héroe. El héroe era yo. (Bueno, ¿qué esperabas?). La fantasía era más o menos así:

Cerca de nuestra casa, había un laguito donde pasaba casi todos los días de verano. Me imaginaba llegar al lago y encontrar a una chica de mi edad que se estaba ahogando. Incluso desde el muelle, me daba cuenta de que era hermosa. ¡Genial! Entonces, me zambullía y le salvaba la vida. Eso significaba que debía envolverla con mis brazos, llevarla hasta la orilla, luego hasta la playa y prestarle los primeros auxilios. Resucitación boca a boca, por supuesto.

Cuando revivía, se enamoraba enseguida de mí. Es más, al instante, no me podía quitar las manos de encima. ¡Ah, cómo me encantaba ese sueño!

Sin embargo, esto es lo que Jeff y yo queremos decirte sobre estos sueños: hay mucha verdad bendita por Dios en ellos. En serio.

En primer lugar, las chicas, todas, quieren que las rescaten de maneras importantes. Esperamos que hayas captado esa verdad increíble en los capítulos que acabas de leer. Las chicas buscan muchachos que les aporten seguridad, carácter, diversión y buenas decisiones a la relación. Quieren que las salven, por ejemplo, de pasar horas aburridas a solas. Más importante aun, quieren que las rescaten de inseguridades dolorosas: de temer no ser bonitas, ni especiales, ni aceptables. Y algo que es aun más importante, quieren que las protejan de los peligros que debe enfrentar toda chica, incluso de sus propias debilidades.

En segundo lugar, los chicos nacen para ser héroes. Si esta verdad nos incluye a *nosotros* (y, no es broma, es así), de seguro te incluye a *ti*. Dios creó a los chicos comunes y corrientes para que fueran héroes extraordinarios para alguien. Y pronto, sino ya, es probable que ese alguien incluya a una chica que consideras muy bonita. Es más, Dios no solo hizo a los muchachos para que fueran héroes, sino que también arregló las circunstancias a nuestro favor para que triunfáramos en esta gran empresa. Piénsalo:

1. Quieres ser seguro, fuerte, divertido e inteligente.
2. Ella quiere que seas todas esas cosas.
3. Dios la creó para inspirarte a transformarte en eso.
4. Dios la creó para ver esas cualidades en ti incluso antes de que tú las vieras.

Está bien, tal vez te perdimos en ese punto final. Por eso, una vez más, haremos lo que mejor hacemos en *SPC* y te daremos los hallazgos impactantes.

Dios creó a los chicos comunes y corrientes para que fueran héroes extraordinarios para alguien.

«Díganle esto...»

Al final de la encuesta, les preguntamos a las chicas qué era lo que más querían decirles a los chicos, y les dimos suficiente espacio para escribir cualquier cosa que quisieran responder. Esto fue lo que preguntamos: «Muchos chicos parecen seguros de sí mismos, pero no lo son en realidad, sobre todo, en cuanto a las chicas. Si pudieras darles un consejo, un consejo sobre cómo pensar con respecto a las chicas y a ellos mismos, ¿cuál sería?». Aunque no sabíamos cómo responderían las chicas, esperábamos que una vez más destrozarían lo que imaginaría la mayoría de los chicos. No nos desilusionaron. Sin lugar a dudas, la respuesta más popular fue una versión de esta idea general, captada por una de las muchas chicas de la encuesta:

**«No es necesario que seas perfecto... solo sé tú mismo.
Esa es la mejor persona que puedes ser».**

De los cientos de encuestadas, ni una chica quiso decirle a un muchacho que mejorara su apariencia física ni que le comprara cosas lindas. Ni una dijo que en el fondo quería al chico malo, presumido y con mucha labia. En cambio, una abrumadora mayoría les dijo a los chicos que se relajaran y se dieran cuenta de que las chicas no esperan la perfección. Querían que los muchachos supieran que no es necesario presionarse tanto. Querían que creyeran en ellos mismos, que *fueran* ellos mismos y confiaran en que su autenticidad los llevaría lejos. Una muchacha lo resumió a la perfección:

A veces, muchas chicas también se sienten inseguras.
Si mantienes la cabeza erguida y tienes una postura de confianza, comenzarás a sentirte seguro. Para mí, lo

peor que puedes escuchar es «no». Así que no temas acercarte a una chica porque casi siempre valorará el esfuerzo y le alegrarás el día.

Y ese fue solo uno de los muchos comentarios increíbles que leímos. Publicamos cientos de respuestas más de las chicas en nuestra página Web. Asimismo, encontrarás a chicas reales que te hablan por vídeo. Sin embargo, mientras tanto, aquí tienes una muestra convincente de lo que quisieron decirte:

- ▸ «Las chicas te quieren por lo que eres, no por lo que finges ser».
- ▸ «Por más trillado que parezca, sé tú mismo. No tienes que hacer nada tonto para impresionarla».
- ▸ «Las chicas valoran cuando tienes la valentía de decirles cómo te sientes».
- ▸ «Aun si temes hablar con una chica que te gusta, acércate a hablar con ella. Le resulta muy atractivo y halagador cuando arriesgas tu orgullo para hacerlo».
- ▸ «A las chicas les gustan los chicos genuinos. Si intentas ser alguien que no eres, las chicas se darán cuenta».
- ▸ «Chicos, sean ustedes mismos. A las chicas les encanta los muchachos que están cómodos consigo mismos. Si eres gracioso por naturaleza, sé gracioso. Si eres serio, sé serio. Si intentas ser algo que no eres, no es nada atractivo».
- ▸ «Nunca me molestó que un chico me buscara, aun cuando rechace a un muchacho. Siempre es halagador. Arriésgate. Es emocionante».
- ▸ «Sé tú mismo y no te preocupes por el rechazo. A todos los rechaza alguien en algún momento de la vida, y si no te arriesgas, nunca sabrás lo que podría haber sucedido».

▶ «No te preocupes por tus defectos porque las chicas los tienen también. No seas alguien que no eres. Solo sé tú mismo».

▶ «Si en verdad te interesa conocer a una chica, díselo. Si es una persona amable y buena, tu atención la hará sentir bien. Si no responde, ¡agradece haberte ahorrado el tiempo!».

▶ «Siempre habrá una chica por ahí que te ame tal cual eres. Así que aun si te rechazan, no deberías dudar de ti mismo».

▶ «Solo sé tú mismo porque de esa manera la chica que se interese en ti se enamorará de lo que eres en verdad».

Esperamos que estos comentarios te hayan alentado tanto como a nosotros. Las chicas, las mismas con las que te gustaría pasar el tiempo, en realidad quieren que seas tú mismo. Además, son mucho más indulgentes y comprensivas con tus defectos de lo que podría imaginarse la mayoría de los chicos.

> Una abrumadora mayoría les dijo a los chicos que se relajaran y se dieran cuenta de que las chicas no esperan la perfección.

El Único que conoce tu futuro

Tienes un futuro brillante. ¿Cómo podemos decir eso? Bueno, en verdad, no lo hicimos... lo hizo Dios. Jeremías 29:11 nos dice: «Yo sé muy bien los planes que tengo para ustedes —afirma el Señor—, planes de bienestar y no de calamidad, a fin de darles un futuro y una esperanza».

De acuerdo con Aquel que conoce tu futuro, lo que tienes por delante es «un futuro y una esperanza». ¿Acaso se puede tener algo mejor?

Sin duda, estos años de resolver quién eres como hombre, lo que quieres de la vida y lo que quieres en una chica pueden ser estresantes. Además, todas las hormonas masculinas no ayudan. Sin embargo, aunque los años de la adolescencia son difíciles para los muchachos, también son la mejor oportunidad que tendrás para tomar la clase de decisiones que te lanzarán a una vida sin reproches: la clase de vida que mereces.

¿Ahora ves que, para la mejor chica para ti, la persona que eres en realidad *es* el premio de verdad? Es cierto. Eres el héroe que ella está esperando.

Creemos que lo que aprendiste en estas páginas te separará de muchos chicos a los que no les importa lo suficiente, o que no respetan lo suficiente al sexo opuesto, como para esforzarse y avivarse. Incluso sin pensarlo con demasiada profundidad, lo que descubriste puede aumentar tu seguridad y abrir nuevas posibilidades para tu futuro. Tiene sentido: Una mejor comprensión de las muchachas te llevará con naturalidad a amistades más gratificantes con ellas, lo cual conducirá a relaciones de noviazgo más saludables, lo cual a su vez, con el tiempo, llevará a un matrimonio fuerte y satisfactorio (*Ejem*, ¡eso incluye una vida sexual increíble!) y una familia feliz.

Aquí vamos una última vez: No nos creas solo a nosotros; créeles a las chicas. Te dejamos con un último consejo de una chica anónima que realizó nuestra encuesta:

Quiero decirles algo a los chicos agradables que hay por allí. Por favor, sé auténtico. No intentes ser un chico malo, un mujeriego, ni algo por el estilo. Si te gusta lucir de cierta manera, pero las personas te menosprecian y te tildan de tonto, ¿a quién le interesa? Si una chica te ama de verdad, no le importará... o quizá, incluso piense que eres tierno por eso.

Y por último, no temas esperar. ¿A quién le importa si no tienes novia llegado cierto año en la escuela? ¡Quizá Dios tenga la chica indicada para ti! No te apures para querer... eh... hacerlo. La mayoría de las chicas no buscan eso.

Es una edad fea e incómoda, pero no te permitas sentirte demasiado torpe cerca de las chicas. Trátanos con respeto, comienza conversaciones agradables con nosotras y fíjate qué sucede. Si la respuesta es negativa, no estaba destinado a suceder... pero tu chica llegará. ¡Solo espera!

Eres el héroe que ella está esperando.

Reconocimientos

Durante nuestros dieciocho meses de investigación y escritura, cientos de personas aportaron su invaluable opinión, habilidad, consejo, desafío, aliento y oración. El espacio limita los reconocimientos individuales, pero sepan cuánto los valoramos.

A los cientos de jovencitas que comentaron sus perspectivas en los grupos de enfoque, las entrevistas y las encuestas: Les prometimos anonimato, pero ustedes saben quiénes son y les damos gracias. Su franqueza les proporcionará esperanza a muchísimos chicos.

Este libro sería muy distinto si no hubiera pasado por las hábiles manos de nuestro editor, Dave Kopp, quien se las arregló para darle forma a un manuscrito con múltiples autores y darle una sola voz. Gracias, Dave, por tu amistad y tu aliento a lo largo de este viaje. Gracias también Eric Stanford, por tus minuciosas correcciones.

Una vez más, la encuesta profesional que apoya este libro la dirigió con habilidad Chuck Cowan de *Analytic Focus* (www.analyticfocus.com) y la llevó a cabo el equipo de *Decision Analyst* (www.decisionanalyst.com), incluyendo la maravillosa ayuda de Vicki Keathley. Estamos muy agradecidos por nuestra sociedad contigo a través de los años.

Si diste vuelta una página y te reíste de una caricatura, debes saber que las caricaturas son producto de la mente creativa y el lápiz hábil de Don Patton. Gracias, Don. Nos hubiera gustado poder crear todo este libro en formato de tira cómica.

Por último, queremos agradecerles a nuestros hijos que realizaron este viaje con nosotros: Los dos pequeños Feldhahn, quienes algún día serán adolescentes que atravesarán con éxito esos años difíciles, y las siempre perspicaces adolescentes Rice, quienes nos contaron historias divertidas y se aseguraron que el libro tuviera al menos un poco de frescura. Chicos, son geniales.

GUÍA DE CONVERSACIÓN

GUÍA DE CONVERSACIÓN

Capítulo 1: Lo que la mayoría de los chicos nunca sabe

Resumen

Considera *Y* como un manual para ayudarte a comprender el asunto más frustrante y más excitante que conocerás en la vida de un chico... las chicas de tu vida. A diferencia de muchos libros de consejos acerca de... una sola invitación para deducir lo que las chicas piensan acerca de algunas de las respuestas que nos ofrecen... en... igualdad... que te identifica... chicas que se ganan tu respeto y con ello... busca...

Preguntas

GUÍA DE CONVERSACIÓN

Capítulo 1: Lo que la mayoría de los chicos nunca sabe

Resumen

Considera *SPC* como un manual para ayudarte a comprender el asunto más frustrante, y aun así más fascinante, que conoces: las chicas de tu vida. A diferencia de muchos libros de consejo, este usa una sólida investigación para decirte lo que las chicas mismas piensan sobre algunas de las cuestiones que más te desconciertan. Te dará seguridad a medida que te identificas con las chicas que te gustan... y, en especial, con *esa* chica que te gusta *de verdad*.

Preguntas

1. Califica tu habilidad para desenvolverte cuando estás con las chicas, usando una escala del 1 («Siempre paso vergüenza») al 10 («Las chicas no se me resiiiiisten»). Si estás usando esta guía de conversación en un grupo, que otro chico te califique usando la misma escala. ¿Cuándo te sientes más incómodo con las chicas?

2. ¿Qué esperas obtener al leer y debatir *SPC*?

3. Quizá hayas leído libros escritos por líderes de jóvenes o escritores cristianos con consejos para el noviazgo adolescente. ¿Qué crees que podrías aprender de este libro que sea diferente?

4. Jeff y Eric dicen: «Te desafiamos a usar estos poderes [de comprender a las chicas] con sabiduría y no para tus propósitos egoístas». ¿Cuáles son algunos «propósitos egoístas»? ¿De qué maneras positivas puedes usar esta información?

5. Lee Génesis 1:27. ¿Qué te dice este versículo sobre la dignidad que Dios quiso que tuvieran los chicos y las chicas?

Desafío de la vida real

Elige a una amiga (no a tu novia) de confianza y pregúntale si estaría dispuesta a que le pidas su «perspectiva femenina» de vez en cuando, mientras lees *SPC*. Será un recurso invaluable cuando las chicas te dejen perplejo.

Nota: Con cada desafío de la vida real, vuelve a contar cómo te fue.

Capítulo 2: El Chico Popular frente a nuestro héroe: El Chico del Montón

Resumen

En el mundo, hay un concurso entre los chicos que parecen modelos... y el resto de nosotros. ¿Quién obtendrá a la chica? Es sorprendente que podría ser el Chico del Montón. Esto se debe a que, por más extraño que parezca, la apariencia no es tan importante para las chicas. Les atraen más las cualidades interiores, como el sentido del humor, la consideración, la diversión, la seguridad y la fe. Y son cualidades que el Chico del Montón puede adquirir.

Preguntas

1. Jeff perdió su oportunidad con una chica porque no creyó que deseara seguir saliendo con él. ¿Qué me dices de ti? Si ves a una chica que te gusta, ¿es más probable que supongas que *estará* interesada en ti o que *no* lo estará? ¿Por qué?

2. Jeff y Eric afirman que a las chicas les interesan más las cualidades interiores que la apariencia exterior. ¿Eso concuerda con tu observación de la manera en que las

chicas reaccionan ante los muchachos... o no? Da un ejemplo que apoye tu respuesta.

3. Lee 1 Samuel 16:7. ¿Cómo se parece la manera en que las chicas evalúan a los demás quizá a la manera en que Dios evalúa a las personas?

4. Nombra a un chico que le guste a muchas chicas como amigo o novio. ¿Qué cualidades interiores tiene que crees que les atrae a las chicas? ¿Qué puedes aprender de su ejemplo?

5. En una escala del 1 («Soy horrible para eso») al 5 («Podría dar clases»), ¿cómo te calificarías en estos aspectos?

sentido del humor	1	2	3	4	5
consideración	1	2	3	4	5
diversión	1	2	3	4	5
confianza en ti mismo	1	2	3	4	5
fe	1	2	3	4	5

¿Qué necesitarías para llegar a un 4 o un 5 en cada cualidad?

Desafío de la vida real

Elige un aspecto de la pregunta anterior en que seas débil, y haz algo para comenzar a cambiar tu reputación en ese ámbito. (Por ejemplo, si no eres justo el rey de los buenos momentos, planea algo divertido para hacer con un grupo de tus amigos y amigas).

Capítulo 3: Por qué a las chicas buenas les gustan los chicos malos

Resumen

Una de las cosas más frustrantes sobre las chicas es su tendencia a enamorarse de muchachos que sabemos que son tontos. ¿Cómo puede ser? Resulta que a las chicas no les atrae tanto lo que hace que los chicos malos sean malos. En cambio, valoran las cualidades *positivas* que manifiestan estos chicos... cualidades positivas como la confianza en sí mismos. Si los chicos buenos aprendieran algunas lecciones de los malos, las chicas se enamorarían de ellos más a menudo.

Preguntas

1. ¿Cómo son los «chicos malos» de tu escuela? ¿Cómo tratan a las chicas? ¿Cómo responden ellas?

2. Los autores dicen: «A las chicas les atraen en gran medida los chicos malos por sus cualidades positivas». ¿Qué cualidades positivas has observado en los chicos malos?

3. Según este capítulo, las chicas responden a la atención de los chicos malos porque a menudo estos responden mejor a la pregunta secreta de las muchachas (¿*Soy encantadora? ¿Soy atractiva?*). ¿Te dabas cuenta de que las chicas se preguntaban esto en secreto y en el fondo eran inseguras? ¿Cómo puedes usar ese conocimiento para transformarte en un mejor amigo o novio?

4. ¿Luchas con sentimientos de inseguridad cuando estás con las chicas? ¿Qué produce tu inseguridad? ¿Qué puedes hacer para reforzar tu seguridad?

5. Cuando se eligió a Josué como líder de Israel, ¿qué le decía Dios a cada momento? Para encontrar la respuesta, lee Josué 1:6-9. En tus interacciones con las chicas, ¿dónde te llama Dios a ser «fuerte y valiente»?

6. ¿Qué te ayuda a tener más seguridad cerca de las chicas? ¿Cómo puedes ayudarlas a sentirse más seguras de *ellas mismas*?

Desafío de la vida real

Busca un lugar en el que puedas escuchar las conversaciones de los chicos malos con las chicas. ¿Qué cosas buenas puedes aprender y aplicar de manera positiva y que honre a Dios?

Capítulo 4: Cuando las chicas dejan de tener sentido

Resumen

A veces, la manera de reaccionar de las chicas parece ocasional por completo. Sin embargo, según Jeff y Eric, quizá no lo sea. La verdad es que casi siempre sucede algo dentro de una chica o de su mundo que provoca esa conducta. Y no es el momento para que un chico deje de intentar comprenderla. En cambio, puede procurar descubrir lo que sucede debajo de la superficie confusa. Hay una razón allí dentro, ¡y puedes descifrar el código!

Preguntas

1. Da un ejemplo de una conducta femenina desconcertante que hayas encontrado. ¿Cómo reaccionaste a esa clase de conducta confusa?

2. ¿Por qué crees que Dios hizo a los hombres y a las mujeres tan distintos que tienen que esforzarse para comprenderse el uno al otro?

3. Eric y Jeff identifican cuatro razones para el aparente carácter casual de la conducta femenina: (a) algo que hiciste, aunque no te des cuenta, (b) algo referente con sus circunstancias (no tiene que ver contigo), (c) algo que sucede en su interior y (d) revolución hormonal. Pon un ejemplo de una vez en la que hayas descubierto que una de esas razones justificaba la conducta de una chica que conoces.

4. Lee 1 Pedro 3:7. ¿Qué sugiere este versículo acerca de la responsabilidad de un muchacho de hacer un esfuerzo extra para comprender y ayudar a las chicas?
5. Imagina que una chica que te gusta parece deprimida. ¿De qué maneras puedes comenzar una conversación con ella que la invite con dulzura a contarte lo que piensa? ¿Qué cosas *no* debes decir?

Desafío de la vida real
La próxima vez que una chica que conoces haga algo que para ti no tiene sentido, practica la búsqueda de una razón, como intentar observar las señales no verbales y hacerle preguntas amistosas para descubrir lo que sucede en su interior o en su mundo.

Capítulo 5: Se rompe la relación, se rompe el corazón

Resumen
Muy a menudo, los chicos creen que su chica está enamorada por completo... hasta que lo arroja en la basura. ¿Las chicas son crueles o los chicos son tontos? Ninguna de las dos cosas. Solo que ellas reaccionan de otra manera cuando sus sentimientos por un chico comienzan a enfriarse. Envían señales sutiles que apenas captamos. A menos, por supuesto, que hayamos leído este capítulo y sepamos qué buscar y qué hacer antes de que sea demasiado tarde.

Preguntas
1. ¿Alguna vez terminó contigo una novia? ¿Cómo lo hizo? ¿Te sorprendió? (No te sientas presionado a contárselo al grupo si no quieres).
2. ¿Alguna vez sentiste que, en el fondo, a las chicas les gusta romperles el corazón a los chicos? Luego

de leer este capítulo, ¿cambiaste de parecer? Si fue así, ¿de qué manera?

3. Si alguna vez te dejó una chica, recuerda esa situación. ¿Qué señales, que pasaste por alto, te envió para comunicar que ya no estaba feliz en la relación?

4. Lee Lucas 8:18. Bueno, entendemos que estamos tomando y aplicando este versículo fuera de contexto. Con todo, es verdad que si un chico que es novio de una chica no está alerta, «hasta lo que cree tener se le quitará». Entonces, ¿qué puede significar para ti ponerle «mucha atención» a tu chica?

5. ¿Cómo sabes que vale la pena luchar por una relación y cuándo es hora de seguir adelante?

Desafío de la vida real

Si estás en una relación de noviazgo ahora, la próxima vez que caminen o conduzcan juntos a algún lado, fíjate cómo se siente y dale una oportunidad sincera para comunicarse. Por ejemplo: «Me encanta pasar tiempo contigo, pero sé que a veces puedo volverte loca sin querer. ¿Hay algo de lo que quieras hablar conmigo?».

Capítulo 6: Basta de llamadas perdidas

Resumen

Parte de tu cerebro comprende que ella es solo otro humanoide. Otra parte de ti detecta su presencia, se cierra de inmediato y paraliza tus poderes vocales. ¿Cómo se supone que un pobre adolescente puede llevar a cabo una conversación con una chica, en especial si le gusta, sin parecer un perdedor? Aquí tienes algo extraño: la conversación se trata más de escuchar que de hablar.

Preguntas

1. Piensa en alguna vez que dijiste algo tonto, o que no pudiste decir nada, en presencia de una chica que te gustaba. Si estás en grupo, cuenta tu experiencia, pero antes hagan un pacto de que ninguna de las historias saldrá del grupo.

2. Este capítulo se trata sobre todo de escuchar. ¿Por qué crees que escuchar es tan importante para las chicas? ¿Qué consejos para escuchar mejor (relajarse, hacer buenas preguntas, etc.) te resultaron más útiles? ¿Por qué?

3. Si les pidieras a las chicas que conoces que calificaran tu habilidad para escuchar, ¿cómo crees que te iría? ¿Por qué?

4. Lee Proverbios 18:13. ¿Por qué se considera necio y vergonzoso apurarse para hablar?

5. ¿Qué puedes cambiar al hablar o cómo puedes mejorar lo que dices cuando hablas con las chicas?

Desafío de la vida real

Esta semana, cuando hables con una chica, practica hacer buenas preguntas y lograr que te hable de su vida. Observa su respuesta.

Capítulo 7: El verdadero significado de «anotación»

Resumen

Los chicos hablan de eso... a cada instante. No es que siempre les *creas*. Nos referimos a «anotar» con las chicas. Ahora bien, recuerda: las chicas no toman la relación sexual tan a la ligera como parecen hacerlo los chicos. Es más, dicen que tener relaciones con un muchacho tiende a volverlas inseguras y posesivas. No solo eso, sino que informan también que en verdad quieren un chico que las proteja de llegar demasiado lejos en su relación física.

Preguntas

1. ¿Comenzaste a leer el libro en este capítulo? ¡Sé sincero!

2. Según investigaciones recientes, tener relaciones sexuales antes del matrimonio cambia la relación... para peor. ¿Has escuchado chicos que se quejen de que sus novias se vuelven dependientes luego de tener relaciones sexuales? ¿Qué dijeron? (Sin mencionar nombres, por favor).

3. Hay algunas afirmaciones increíbles en este capítulo. Por ejemplo...
   - La mayoría de las chicas no sabe que excita a los muchachos cuando se viste de manera sensual.
   - La mayoría de las chicas pierde el respeto por los chicos que intentan acostarse con ellas.
   - La mayoría de las chicas quiere que el muchacho tome la iniciativa para no cruzar la línea. ¿Qué parte del capítulo te resultó más sorprendente? ¿Por qué?

4. ¿Qué consejos acerca de no cruzar la línea (combatir las mentiras, reclutar ayuda, reconocer las consecuencias, etc.) crees que son más útiles? ¿Por qué? ¿Tienes alguna otra idea para permanecer fuerte que puedas decirle a tu grupo de conversación?

5. Si un chico ya tuvo relaciones sexuales, ¿cómo cambia esto (si es que cambia en algo) la manera en que debería intentar ser responsable en sus relaciones con el sexo opuesto?

6. Lee Tito 2:6. En cuanto a la relación sexual, ¿se puede aprender el dominio propio? Si es así, ¿cómo?

Desafío de la vida real

Si estás saliendo con una chica y *no* han tenido relaciones sexuales, tranquilízala diciéndole que no la presionarás en este aspecto. Si *han* tenido relaciones, hablen sobre cómo volver la relación a un camino que honre a Dios.

Capítulo 8: El chico que quieren todas las chicas... de verdad

Resumen

Los chicos nacen para ser héroes, para rescatar y proteger, y las chicas quieren que sean así. Sin embargo, no significa que debes fingir ser algo que no eres. A decir verdad, la abrumadora mayoría de las chicas informó que quiere que los chicos sean auténticos. A medida que te esfuerces para transformarte en la mejor versión de *ti mismo*, Dios te conducirá al futuro maravilloso que tiene para ti: con una chica increíble a tu lado. ¡Créelo!

Preguntas

1. Este capítulo afirma: «Dios creó a los chicos comúnes y corrientes para que fueran héroes extraordinarios para alguien». ¿Alguna vez hiciste algo heroico, aunque fuera pequeño, a fin de rescatar o proteger a una chica? Si fue así, cuéntalo.

2. Lee Juan 3:20-21. ¿Qué sugieren los conceptos de acercarse a la luz y practicar la verdad acerca de cómo puedes ser genuino con las chicas... y con todos los demás?

3. Al mirar adelante, al resto de tus años de noviazgo y al matrimonio, ¿qué clase de hombre quieres ser? Enumera cuatro o cinco características.

4. Al pensar en el libro como un todo, ¿qué verdad te quedó más grabada? ¿Por qué esa?

5. ¿Cómo cambiará tu manera de tratar a las chicas por haber leído este libro? ¿Cómo cambiarás como amigo? ¿Como novio? ¿Como hermano en Cristo?

¿QUIERES MÁS?

solo para chicos

Visita www.foryoungmenonly.com* para encontrar mucha información adicional que incluye:

- Acceso a la encuesta completa
- Clientes de comentarios de las chicas encuestadas
- Fragmentos de vídeo de las chicas que les hablan con franqueza a los chicos
- El vídeo musical de *Solo para chicos*
- Interactúa en los foros en línea, donde tú y las lectoras de *Solo para chicas* pueden hacer y responder preguntas
- Baja una guía para líderes de jóvenes con sugerencias para crear grupos pequeños de *Solo para chicos* y *Solo para chicas*

*en inglés

¿Por qué los chicos
son tan raros?

de la autora del éxito de librería *Solo para mujeres*

shaunti feldhahn
lisa a. rice

solo para
chicas

Lo que
necesitas
saber acerca
de cómo
piensan
los chicos

Los hombres son hombres. ¡Y ahora las chicas pueden saber qué significa eso! *Solo para chicas* se sumerge en los mecanismos internos de la mente masculina a fin de que puedas comenzar a comprender por qué los chicos dicen y hacen lo que hacen. •9780789916198

VERDADES SORPRENDENTES PARA MEJORAR TODA RELACIÓN SIGNIFICATIVA

SOLO PARA MUJERES
Este libro está lleno de revelaciones increíbles que necesitas no solo para comprender al hombre de tu vida, sino también para apoyarlo y amarlo de la manera que necesita.
•**9780789913456**

SOLO PARA HOMBRES
Deja de intentar adivinar cómo agradar a tu esposa o novia y comienza a amarla como lo necesita. Es sencillo. *Solo para hombres* es un mapa sencillo que te llevará directo a su corazón.
•**9780789915139**

SOLO PARA PADRES
Descubre de primera mano los anhelos que impulsan las decisiones ilógicas en apariencia de tus hijos, la verdad detrás de esos exasperantes «problemas de actitud» y lo que tus hijos te dirían si supieran que los escucharías en verdad.
•**9780789916908**

Acerca de los autores

Jeff Feldhahn es abogado y dueño de la empresa tecnológica *World2One*. Junto a su esposa, Shaunti, escribió el éxito de librería *Solo para hombres*.

Eric Rice es dueño, director y productor de *44 Films*. Vive en la zona de Atlanta con su esposa, Lisa, y sus cuatro adolescentes.

Shaunti Feldhahn es columnista de un periódico de distribución nacional, oradora pública y autora de éxitos de librería que incluyen *Solo para mujeres, Solo para chicas* (con Lisa Rice) y *Solo para padres*.